ABC

Lernbereiche

- Lesen
- Sprechen
- Texte verfassen
- Sprache untersuchen
- Rechtschreiben

Aufgaben

Aufgabenkennzeichnung nach den Anforderungsbereichen der KMK-Bildungsstandards

1 wiedergeben, ausführen, abschreiben

2 überlegen, anwenden, üben

3 weiterführen, Ideen und Lösungen entwickeln, begründen

Basisaufgaben zum Erreichen der Kompetenzerwartungen

Wahlaufgabe — Differenzierung

Aufgabe zum Schreiben

Arbeit von zwei Partnerkindern

TINTO

Basisbuch
Sprache • Lesen
4

von
Christiane Bruns
Eva Jochmann
Irmgard Mai
Sybille Schaub
Julia Schröder

illustriert von
Eva Czerwenka
Tobias Krejtschi
Katrina Lange

Cornelsen

Inhalt

Kinder dieser Welt 4

Im Wald 20

Sonne, Mond und Sterne 36

Drachen 52

Mädchen und Jungen 68

Strom überall 84

Vom Leben der Wale

98

Schneller, weiter, höher

114

Eine Zeitung entsteht

130

Europa

144

Jahreszeiten und Feste

158

Das große Quiz 168
Wörterliste 170

Inhaltsverzeichnis 176
Lerninhalte 180

AMERIKA
ATLANTISCHER OZEAN
EUROPA
PAZIFISCHER OZEAN

ASIEN
FRIKA
AUSTRALIEN
INDISCHER OZEAN

In Paule Puhmanns Paddelboot

Und in Italien war'n wir auch,
da kam die Marinella.
Die brachte Tintenfische mit
Auf einem großen Teller.
Bon giorno, arrivederci!
Guten Tag, auf Wiedersehn!] 2x

Dann fuhr'n wir weiter über's Meer
Bis hin in die Türkei.
Von da an war'n auch Ahmet und
die Ayse mit dabei.
Merhaba, güle, güle!
Guten Tag, auf Wiedersehn!] 2x

In Portugal, da winkte uns
Die Anabela zu.
Die fragte: „Darf ich mit euch mit?"
„Na klar, was denkst denn du!"
Bom dia, adeus!
Guten Tag, auf Wiedersehn!] 2x

In Spanien war es furchtbar heiß,
da stieg der Pedro zu.
Der brachte Apfelsinen mit,
die aßen wir im Nu.
Buenos dias, hasta la vista! 2x
Guten Tag, auf Wiedersehn!

Und rund um den Olivenbaum,
da tanzten wir im Sand.
Wir nahmen den Wasili mit,
das war in Griechenland.
Kalimera, jassu, jassu! 2x
Guten Tag, auf Wiedersehn!

Und als wir dann nach Hamburg kamen,
stand Paule Puhmann da und rief:
„Verflixt und zugenäht!
Mein Paddelboot ist da!"
Guten Tag, auf Wiedersehn!
Buon giorno, arrivederci!
Merhaba, güle, güle!
Bom dia, adeus!
Buenos dias, hasta la vista!
Kalimera, jassu, jassu!
Guten Tag, auf Wiedersehn!
Guten Tag, auf Wiedersehn!

Musik und Text: Fredrik Vahle

Dieses Lied könnt ihr singen und spielen.
Ladet andere Kinder ein und führt es auf.

Wir leben auf der Erde

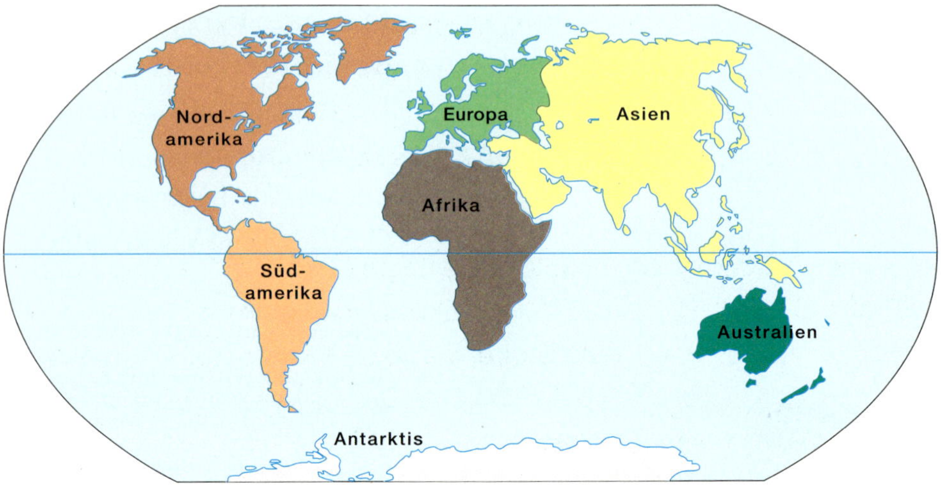

Auf dem Planeten Erde leben viele Menschen. Zurzeit haben etwa sieben Milliarden Männer, Frauen, Jungen und Mädchen ihre Heimat auf einem der sieben Kontinente.

Fast zwei Milliarden davon sind Kinder. Sie leben in verschiedenen Ländern, sprechen verschiedene Sprachen, haben verschiedene Religionen, sehen unterschiedlich aus und haben sehr unterschiedliche Lebensbedingungen.

Der größte Teil der Erde ist aber nicht von Menschen bewohnt. Allein die Meere bedecken weit mehr als die Hälfte der Erdoberfläche. Auch Wüsten, große Eisgebiete, Gebirge und dichte Wälder nehmen riesige Landflächen ein.

Mit Flugzeugen und anderen Verkehrsmitteln reisen wir heute in viele Länder. Auch über Fernsehen, Internet und Radio sowie aus Zeitungen erfahren wir viel über das Leben auf der ganzen Welt.

1 Schau dir die Weltkarte an und lies den Text.
Wie viele Menschen leben auf der Erde? Lies Abschnitt 1.

2 Beantworte die Fragen und schreibe die Zeilen auf, wo du die Antwort gefunden hast.
- Wie viele Kinder leben auf der Erde?
- Womit ist ein großer Teil der Erde bedeckt?
- Wie heißen die sieben Kontinente?

Warum wissen wir heute viel über andere Länder?

5, 6, 145, 152

Hello Marie!

Als Claire neu in Maries Klasse kommt, mögen sich die beiden sofort. Und das, obwohl Claire kein Wort Deutsch und Marie kaum Englisch kann. In den Ferien fährt Claire mit ihren Eltern nach Dublin, um ihre Großeltern zu besuchen. Marie vermisst ihre neue Freundin sehr. Eines Abends ruft Claire sie von Dublin aus an.

„How are you?“ „Ich vermisse dich.“ „I miss you, too.“ „Wann kommst du wieder?“ „Next Sunday.“ Sunday war Sonntag, überlegte Marie. Bis Sonntag war es noch fast eine Woche. „Is it still so cold and wet?“ Cold war kalt. Aber was hieß „wet“? „It's wet when it's raining“, sagte Claire, als ob sie ihre Gedanken lesen konnte. „Ja, es regnet die ganze Zeit und gestern hat es sogar geschneit.“ „In Dublin it's already spring. It's sunny and warm. And there are lots of flowers.“ Sonnig und warm war's in Dublin. Und „flowers“ waren Blumen. Dann hieß „spring“ bestimmt Frühling. „Hier ist es noch Winter“, sagte Marie. „Perhaps we could go to cinema when I'm back.“ „Was ist ein ‚cinema‘?“ „It's a place where you watch a film.“ „ Ah, du meinst Kino!“, rief Marie. „Ja, das wäre toll! Vielleicht gehen wir in einen Zeichentrickfilm.“ „What's that?“„Zum Beispiel ein Film von Walt Disney“, erklärte Marie. „Ah. You mean a cartoon! Yes, that would be fun.“ „‚Fun‘ ...?“ „I think that's ... ‚Spaß‘...“ „Ah, okay ... Ja, das finde ich auch.“ „Sorry, I have to go now. My mum is calling that supper is ready“, sagte Claire. „Was ist ‚supper‘?“ „We're going to eat now.“ „Ah, ihr esst jetzt.“ „Bye, Marie.“ „Tschüss, Claire.“ Langsam legte Marie den Hörer auf. „Ist Claire deine beste Freundin?“, fragte Maries Schwester Isabelle. „Ja.“ „Auch wenn du nicht alles verstehst, was sie sagt?“ „Ja, trotzdem.“ „Außerdem fällt es dir schon etwas leichter als vor ein paar Wochen, stimmt's?“, fragte Mama. Marie nickte. Sie wunderte sich selber darüber, dass sie manchmal Wörter verstehen konnte, die sie nie vorher gehört hatte.

Renate Ahrens

1. Lies den Text. **Oder:** Lass ihn dir vorlesen. Welche englischen Wörter im Text kennst du?
2. Warum können Claire und Marie sich verständigen? Welche Wörter sind in beiden Sprachen ähnlich?

Kindernamen aus aller Welt

Der Name Teresa hört sich so ähnlich an wie das chinesische Wort für „glücklich“.
„Meine Mutter nannte mich Teresa, weil sie so glücklich war, als ich geboren wurde.“

Paul ist eine Kurzform von Paulus. Der Name stammt aus dem Lateinischen und bedeutet „der Kleine“.
„Mein Name hat für meine Eltern keine besondere Bedeutung. Aber sie fanden, dass er schön klingt.“

Die Eltern von Bilal wollten ihm einen Namen geben, der mit ihrer Religion zu tun hat. Sie nannten ihn nach Bilal, einem Gefährten Mohammeds.
„Bilal ist ein sanfter Name. Es ist der Name des ersten Mannes, der die Muslime zum Gebet rief.“

Meegan ist ein altes englisches Wort, das „stark“ bedeutet.
„Mein Name gefällt mir. Meine Eltern wünschen sich, dass ich so stark werde, wie es mein Name ausdrückt.“

1. Lies die Texte. Wähle ein Kind aus. Erzähle mit eigenen Worten über den Namen dieses Kindes.
2. Erkundige dich: Hat dein Name eine Bedeutung? Warum haben deine Eltern ihn für dich gewählt?
3. Schreibe einen Text über deinen Namen. Lies ihn in der Klasse vor.

Gestaltet Namensschilder. Stellt eure Texte und Schilder aus.

7, 8

Kinder haben Rechte

Überall auf der Welt haben Kinder die gleichen Rechte. Das ist noch viel zu wenig bekannt. Für die Kinderrechte gibt es seit 1989 ein weltweit gültiges Grundgesetz. Es ist das Übereinkommen der UN* über die Rechte des Kindes. In der UN haben sich 193 Länder zusammengeschlossen. Sie wollen gemeinsam den Frieden in der Welt sichern. Sie achten darauf, dass die Menschenrechte eingehalten werden. Allein zu Kinderrechten wurden über 50 wichtige Absprachen getroffen. Durch das Einhalten dieser Rechte sollen Kinder auf der ganzen Welt gleich gut leben können.
In jedem Jahr ist bei uns in Deutschland am 20. September der deutsche Kindertag. In vielen Städten finden rund um diesen Tag besondere Aktionen zu den Kinderrechten statt.

*United Nations = Vereinte Nationen

www.unicef.de/kids/
oder
www.hanisauland.de/spezial/kinderrechte

1. Schau dir die Bilder an.
   Welche Rechte von Kindern sind hier abgebildet?
2. Welche Kinderrechte sollte es eurer Meinung nach noch geben?
   Wovor sollen Kinder geschützt werden?
3. Informiere dich im Internet. Schreibe wichtige Kinderrechte auf.

Finde heraus, welche Aktionen es in deiner Stadt zum deutschen Kindertag gibt.

In Istanbul

Florian hüpft über die Steine. Er ist mit seinen Eltern und seiner Schwester während der Ferien in Istanbul. Das ist eine große Stadt in der Türkei. Florian hüpft über die Pflastersteine, die so groß sind, dass ein Fuß auf einen Stein passt. Seine Eltern, seine Schwester Susi und er laufen eine steile Straße hinunter und Florian muss aufpassen, dass er nicht fällt. Unten am Ende der Straße sieht er die Autos vorbeirasen.
„Papa, guck mal, ich kann über die Steine laufen, ohne auf die Ritzen zu treten. Siehst du? Papa!“, ruft Florian und bekommt keine Antwort. Er sieht hoch und findet keinen Papa.
„Papa“, ruft er, „wo bist du?“ Er hört nur die Stimmen der Leute, das Hupen der Autos auf der Straße.
„Mist, jetzt hab ich sie verloren. Mama, Papa! Wo seid ihr?“
Die Pflastersteine interessieren ihn nicht mehr, die Häuser kommen ihm jetzt so hoch und dunkel vor. Florian beginnt zu weinen, er fühlt sich verlassen in der engen Straße.
Da zupft ihn ein Junge am Ärmel und sagt:

nach Anja Tuckermann

* He, warum weinst du? Brauchst du Hilfe? Komm mit! …

1. Überlege, wie die Geschichte weitergehen könnte.
   Oder: Denke dir eine eigene Sprechblase aus.
   Schreibe Ideen für die Fortsetzung in Stichworten auf.
2. Schreibe die Geschichte zu Ende.
3. Überarbeite deinen Text in einer Schreibkonferenz.

Wo fehlt etwas?

Manchmal ist ein Text schwer zu verstehen. Oft liegt das daran, dass an manchen Stellen etwas genauer erklärt oder beschrieben werden muss. In einer kleinen Gruppe könnt ihr einen Text untersuchen. Dazu benötigt jedes Kind eine Kopie des Textes.

Lest den Text. Findet dann gemeinsam heraus, wo etwas fehlt oder wo etwas nicht gut verständlich ist.

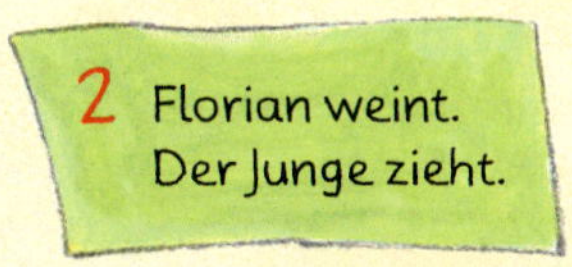

Jedes Kind markiert diese Stellen auf seiner Kopie mit einer farbigen Zahl.

Nun wählt jedes Kind eine oder mehrere Zahlen aus, zu denen es dem Autor Ergänzungsvorschläge machen kann. Wichtig: Zu jeder Zahl soll es am Ende einen Vorschlag geben.

Auf der Rückseite der Kopie notiert jedes Kind seine Zahl und dahinter seinen Vorschlag an den Autor.

Der Autor erhält alle Kopien mit den Vorschlägen. Er darf selbst entscheiden, ob er die Vorschläge bei der Überarbeitung seines Textes nutzen möchte. Später liest der Autor den überarbeiteten Text noch einmal vor.

Fußball in aller Welt

Mit Schwung hechtet der Torwart zur Seite.
In letzter Sekunde fängt er den Ball mit seinen Händen.
Sein Kasten bleibt sauber!

1. Schreibe die Sätze ab. Markiere Nomen, Verben, Adjektive und Pronomen in verschiedenen Farben.
2. Schreibe zu den anderen Bildern eigene Sätze. Markiere wieder Nomen, Verben, Adjektive und Pronomen in verschiedenen Farben.

Schreibe aus der Wörterliste zehn Nomen, zehn Verben und zehn Adjektive heraus.

Die Weltelf

1 Finde zu den markierten Nomen verwandte Verben oder Adjektive:
die Begeisterung – begeistern, …

bewegen • ehrlich • dumm • erfahren • erwarten • tapfer • sicher

2 Bilde Nomen mit den Wortbausteinen -heit, -keit, -ung:
bewegen – die Bewegung, …

Sportereignis • Fußballergebnis • Slalomhindernis • Spielerverzeichnis

3 Bilde zu diesen Nomen die Mehrzahl:
das Sportereignis – die Sportereignisse, …

Merksatz

Die Wortbausteine -heit, -keit, -nis und -ung verwandeln Verben und Adjektive in Nomen. Nomen haben Artikel:
die Dummheit, die Tapferkeit, das Geheimnis, die Erwartung.

12, 165

Urlaubspost

Liebe Frau Krost,
viele Grüße aus Antalya sendet ___
Fatma. Wir haben tolles Wetter und gehen
ganz oft zum Meer. Ich hoffe, ___ Ferien-
wunsch ist in Erfüllung gegangen
und ___ konnten ganz viel faulenzen.
Ich freue mich, ___ bald wiederzusehen.
___ Fatma

Eva Krost
Lange Str. 31

40309 Dortmund

1. Schreibe Fatmas Karte an ihre Lehrerin ab. Setze diese Anredepronomen passend ein: Ihre, Sie, Ihnen, Ihr. Achtung! Schreibe sie groß.

Liebe Lena,
viele sonnige Grüße schicke ich ___ aus der Türkei. Mir geht
es richtig gut. Wie geht es ___? Wir besuchen hier ganz viele
Verwandte. Das Meer ist ganz nah und ich war schon oft baden.
Was machst ___ so in den Ferien? Wie war ___ Urlaub?
Ich freue mich, ___ bald wiederzusehen.
___ Fatma

2. Schreibe Fatmas Brief an ihre Freundin Lena. Entscheide dich: alle Anredepronomen groß oder alle Anredepronomen klein.

3. Schreibe einen Brief an eine Person deiner Wahl. Achte auf die Anredepronomen!

Gestalte deinen Brief passend.

Merksatz

In einem Brief werden diese Anredepronomen großgeschrieben: **Sie, Ihr, Ihre, Ihnen.** Die Anredepronomen **du, dein, dir, dich** können groß- oder kleingeschrieben werden, aber in einem Brief immer einheitlich.

Schule anderswo

Bei uns in Deutschland müssen alle Kinder zur Schule gehen. Auch in vielen anderen Ländern gehen Kinder zur Schule. Aber das Leben in der Schule ist überall unterschiedlich. In Japan geht jedes Kind sechs Jahre in die Grundschule. Mittags essen alle Kinder zusammen im Klassenraum und putzen ihn hinterher. In Indien gehen oft nur Jungen zur Schule. Ein Lehrer hat dort meist 60 Kinder in einer Klasse. Häufig sitzen sie auf dem Boden, weil nicht genug Stühle da sind. In Großbritannien tragen die Kinder eine Schuluniform. Alle Kinder einer Schule haben so die gleiche Kleidung an.

1. Lies den Text. Schreibe ihn richtig ab.
   Denke dabei an die Schritte des Abschreibens:
   lesen → merken → schreiben → kontrollieren und verbessern
2. Kontrolliere deinen Text ein zweites Mal.
   Lies dazu Wort für Wort von *hinten* nach *vorn*.
3. Tausche dein Heft mit einem Partner.
   Kontrolliert eure Texte gegenseitig.
   Markiert Fehler. Verbessere deinen eigenen Text.

Klappe das Buch zu oder decke den Text ab.

14, 175, 176

Rechtschreibtraining

Sehr geehrter Herr Bürgermeister,

in einem Zeitungsartikel haben wir über Ihre vielen Reisen in verschiedene Länder gelesen. Uns interessieren Ihre Erfahrungen, die Sie dort als Politiker und Tourist gemacht haben, sehr. Darum laden wir Sie herzlich zu einer Diskussionsrunde zum Thema „Leben in anderen Ländern" in unsere Schule ein. Gerne würden wir auch ein Interview mit Ihnen in unserer Schülerzeitung abdrucken. Über eine Zusage von Ihnen per Post oder als E-Mail würden wir uns sehr freuen.

Mit freundlichen Grüßen
Ihre Klasse 4b der Sommerschule

Anredepronomen in Briefen

Liebe Laura,
ich wünsche ___ zu ___ Geburtstag alles Gute.
Es tut mir leid, dass ich ___ an ___ Festtag nicht besuchen kann. Hoffentlich freust ___ ___ über das Geschenk! Ich umarme ___ und wünsche ___ einen schönen Tag.
___ Kira

Übungswörter

die Erfahrung
die Kenntnis
die Diskussion
das Erlebnis
das Interview
das Thema
die Zustimmung
die E-Mail

1. Schreibe den Brief ab. Setze die passenden Anredepronomen ein.

Ich grüße dich. • Wie geht es dir? • Ich wünsche dir alles Gute.
Ich freue mich, dich wiederzusehen. • Viele Grüße sendet dir Tim.
Dein Geschenk hat mir gefallen. • Deine Marie

2. Wandele die Sätze in die Sie-Form um:
Ich grüße dich. – Ich grüße Sie.

Wortarten

Die Sommerferien sind zu Ende.
Wir Kinder hatten sechs Wochen schulfrei. Viele von uns fuhren mit ihren Familien in den Urlaub.
Sie erlebten eine Menge schöner, spannender und lustiger Sachen.
Andere Kinder verbrachten ihre Ferien zu Hause. Auch sie hatten viel Spaß.
Jetzt beginnt die Schule wieder.
Die Freude ist bei allen groß, weil wir uns nun wiedersehen.
Bestimmt wird es ein tolles Schuljahr!

1 Schreibe den Text ab. Markiere Nomen, Verben, Adjektive und Pronomen mit unterschiedlichen Farben.

2 Schreibe eigene Feriensätze. Markiere Nomen, Verben, Adjektive und Pronomen mit unterschiedlichen Farben.

Nomen mit -heit, -keit, -nis, -ung

-heit

-keit

kennen • böse • wirklich
begrüßen • übel • heiser
finster • frei • unsicher
erholen • erleben • wandern
bilden • klug • geheim

-nis

-ung

3 Bilde sinnvolle Nomen. Schreibe sie mit Artikel auf:
die Kenntnis, die Bosheit, …

4 Finde noch mehr Nomen mit -heit und -keit.

Im Wald

Eiche
Ahorn
Kastanie

Die Spinne

Viele Tage schon wandern der Hobbit Bilbo und die Zwerge durch den dunklen, unheimlichen und engen Düsterwald. Sie hören sonderbare Geräusche und sehen dunkle, dichte Spinnweben. Ständig haben sie Hunger und Durst.

Im Wald schien nichts Genießbares zu wachsen, nur verdächtig aussehende Pilze und blassblättrige Kräuter mit unangenehmem Geruch.

Sie kamen an eine Stelle, wo hauptsächlich Buchen standen. Ein grünliches Licht drang durch die Baumkronen.

Doch was das Licht ihnen zeigte, waren nur endlose Reihen gerader grauer Stämme, wie Säulen einer gewaltigen, dämmrigen Halle. Ein Lufthauch war zu spüren und man hörte den Wind durch die Wipfel rauschen.

Ein paar Blätter fielen raschelnd herab. „Ich glaube, ich habe im Wald ein Licht blinken sehen."

Sie starrten alle hin, und es war ihnen, als sähen sie etwas Rotes in der Dunkelheit blinken.

Sie verließen den Pfad alle zusammen und drangen in den Wald ein. Nachdem sie eine Weile gekrochen waren, spähten sie hinter den Bäumen hervor.

Viele Leute waren dort versammelt, alle in Grün und Braun gekleidet. In der Mitte brannte ein Feuer. Aber den herrlichsten Anblick boten die Speisen und Getränke. Der Duft des gebratenen Fleisches wirkte magisch.

Nachdem sie eine Weile still dagelegen und gelauscht hatten, machten sie sich auf. Das Festgelage, was sie sahen, war groß und prächtig. Am Kopfende einer langen Speisetafel saß ein Waldkönig mit einer Laubkrone auf seinem goldenen Haar.

Das Elbenvolk* reichte Schüsseln von Hand zu Hand, einige spielten Harfe und viele sangen.

Mitten in einem Ton wurde es totenstill. Aus gingen alle Lichter. Die Flammen verschwanden in schwarzen Rauchwolken.

*Elbenvolk: Elben, auch Elfen genannt, sind Fabelwesen.

Bilbo rannte immerzu im Kreis herum und rief die Zwerge. Während andere, die er nicht sehen konnte, dasselbe taten. Aber die Rufe der anderen wurden immer schwächer, bis schließlich alle Geräusche erstarben und er in tiefer Stille und Finsternis vollkommen allein war. Das war einer seiner schlimmsten Augenblicke.

Er setzte sich mit dem Rücken an einen Baum. Und als er so dasaß, spürte er, wie ihn etwas berührte. Etwas wie eine starke, klebrige Schnur lag an seiner linken Hand.

Er merkte, dass seine Beine schon mit demselben Zeug umwickelt waren, sodass er umfiel, als er aufstehen wollte.

Dann ging die große Spinne von hinten auf ihn los.

Sehen konnte er nur ihre Augen, aber er spürte die haarigen Beine, mit denen sie ihre scheußlichen Fäden noch und noch um ihn herumzuwickeln bemüht war. Ein Glück nur, dass er noch rechtzeitig zu sich gekommen war. Ein wenig später, und er hätte sich gar nicht mehr rühren können. Auch so schon war es ein verzweifelter Kampf.

Er zog sein Schwert. Da sprang die Spinne zurück, und er hatte Zeit, sich die Fesseln von den Beinen zu schneiden.

Bilbo rückte ihr auf den Leib und stieß ihr sein Schwert zwischen die Augen.

Die Spinne lag tot neben ihm.

Dass er die Riesenspinne erstochen hatte, ganz allein in der Dunkelheit, hatte ihn mächtig verändert.

Er fühlte sich wie ein ganz neuer Hobbit, viel kühner und kampflustiger als der alte.

„Ich will dir einen Namen geben“, sagte er zu seinem Schwert. „Du sollst Stich heißen.“

J. R. R. Tolkien

Malt oder spielt die Szene.

Wälder sind verschieden

In einem Wald wachsen verschiedene Bäume. Der Wald liefert Holz und bietet den Menschen Erholung, er speichert Wasser und reinigt die Luft, er ist Lebensraum für viele Pflanzen und Tiere. In Deutschland gibt es Nadelwälder, Laubwälder und Mischwälder.

Nadelwälder bestehen vor allem aus Fichten und Kiefern. Nadelbäume tragen Zapfen und behalten im Winter ihre Nadeln. In Nadelwäldern ist es das ganze Jahr über recht dunkel. Am Boden können nur Farne, Moose oder Pilze wachsen. Für Sträucher und Blumen ist das wenige Licht zu gering. Nadelbäume wachsen schnell und gerade. Sie liefern gutes Holz. Deswegen wurden Nadelwälder häufig von den Menschen angelegt. Doch sie sind sehr anfällig. Schmutzige Luft macht die Bäume krank. Bei starken Stürmen knicken Nadelbäume leicht um.

In Laubwäldern wachsen Buchen oder Eichen. Alle Laubbäume verlieren im Herbst ihre Blätter. Im Frühjahr treiben aus den Knospen neue Blätter aus. Die Laubbäume sind für die Ernährung des Rotwilds und der Vögel besonders wichtig. In Laubwäldern ist es hell. Hier können verschiedene Sträucher und Blumen wachsen. Laubwälder liefern besonders viel Sauerstoff. Reine Buchen- oder Eichenwälder sind heute selten. Sie werden deswegen besonders geschützt.

In Mischwäldern wachsen verschiedene Nadel- und Laubbäume. Neben Fichten und Kiefern sowie Buchen und Eichen wachsen hier auch Tannen, Lärchen, Ahorne, Eschen oder Birken. In einem Mischwald leben viele unterschiedliche Tiere und Pflanzen. Die Mischung aus Nadelbäumen und Laubbäumen macht den Wald gesünder und weniger anfällig. Deswegen werden heute wieder gezielt Mischwälder gepflanzt.

1. Welche Waldart ist auf dem Foto dargestellt?
2. Notiere dir zu jeder Waldart Stichwörter.
3. Beschreibe mit Hilfe deiner Stichwörter die verschiedenen Waldarten.

19, 20

Stockwerke des Waldes

Ein Mischwald ist wie ein Haus mit vielen Stockwerken.
In jedem Stockwerk leben andere Tiere und Pflanzen.

Die Baumschicht

Die Zweige und Blätter der Bäume bilden das obere Stockwerk, das Kronendach. Hier leben Vögel und Insekten. Eichhörnchen und Marder können gut klettern, deswegen sind auch sie in den Kronen der Bäume zu Hause.

Die Strauchschicht

In diesem Stockwerk wachsen kleinere Pflanzen wie Sträucher, Büsche und junge Bäume. Sie bleiben klein, weil die Blätterkrone wenig Licht durchlässt. Hier leben Rehe, Hasen, Wildschweine und Füchse.

Die Krautschicht

Im unteren Stockwerk gibt es noch weniger Licht. Deshalb wachsen in der Krautschicht Moose, Farne, Kräuter und Pilze. Hier leben Ameisen, Eidechsen, Blindschleichen und Igel.

Der Wurzelraum

Im Keller des Waldhauses sind die Wurzeln der Pflanzen. Hier leben Spinnen, Maulwürfe, Schnecken, Regenwürmer und viele winzige Tierchen, die wir nur mit einem Vergrößerungsglas erkennen können.

1 Wie heißen die Stockwerke des Waldes?

2 Was erfährst du über das Leben der Tiere in den einzelnen Stockwerken? Erzähle.

3 Was erfährst du über die Lichtverhältnisse in den Stockwerken?

Gestaltet mit verschiedenen Materialien ein Poster zu den Stockwerken des Waldes.

Waldgedichte

Wir sitzen nicht auf Thronen.
Uns schmeichelt nur der Wind.
Wir haben dennoch Kronen,
die schöner als eure sind.

Erich Kästner

Ich bin der Wald,
Ich bin uralt.
Ich hege den Hirsch und hege das Reh.
Ich schütz Euch vor Sturm und
schütz Euch vor Schnee.
Ich wehre dem Frost und wahre die Quelle.
Ich hüte die Scholle, bin immer zur Stelle.
Ich bau Euch das Haus und heiz Euch den Herd.
Darum, Ihr Menschen, haltet mich wert!

Inschrift eines Forsthauses,
Ostvorpommern

1. Lest das erste Gedicht. Wer „spricht“ in dem Gedicht?
2. Lest das zweite Gedicht. Warum ist der Wald für den Menschen so wertvoll?
3. Vergleicht die beiden Gedichte. Welches Gedicht hat einen Paarreim, welches einen Kreuzreim?
4. Suche dir ein Gedicht aus und lerne es auswendig.

An welchen Stellen merkst du, dass das zweite Gedicht alt ist?

Waldschätze

1. Schaut euch die Abbildung an.
   Welche Waldschätze liegen auf dem Tisch?

2. Erzählt eine Reihum-Geschichte:
   - Ein Kind fängt an, wählt einen Waldschatz und denkt sich dazu einen Satz aus.
   - Nacheinander erzählt jedes Kind die Geschichte mit einem Satz weiter.
     Es kann dazu einen neuen Waldschatz wählen.

Schrecken im Wald

Als ich von meiner Freundin nach Hause kam, war es schon spät. Es wurde langsam dunkel. Nur der große, runde Mond schien hell. Ich stand am Waldrand, überlegte und beschloss, die Abkürzung durch den Wald zu nehmen. Es war nur ein kurzes Stück und ich kannte den Weg gut. Schließlich packte ich meinen Mut zusammen und ging in den dunklen Wald.
Die Bäume warfen gespenstische Schatten.
Es knisterte und knackte.
Ein unheimliches Gefühl stieg in mir auf.
Ich ging den Weg entlang.
Ich hörte ein Geräusch.
Aber ich ging weiter.
Jemand rief.
Ein Mensch kam auf mich zu.
„Aha, hier bist du!“, hörte ich eine Stimme.
Es war mein Vater.
Ich freute mich.

1 Lest die Geschichte. Was macht den Anfang des Textes spannend?

2 Vergleicht den farbigen Teil mit dem anderen Teil. Was fällt euch auf?

3 Schreibe die Geschichte ab. Schreibe dabei den farbigen Teil anschaulich. Die Sätze können dir helfen. ⟶ **Tipp**

Tipp

Angst: Ich fühlte mich nicht wohl in meiner Haut. • Der Schreck fuhr mir durch die Glieder. • Vor lauter Aufregung hielt ich den Atem an. • Mir zitterten die Knie.
Erleichterung: Vor Erleichterung atmete ich tief durch. • Mir fiel ein Stein vom Herzen. • Ich fühlte mich erlöst. • Langsam beruhigte ich mich wieder.
Freude: Ich hätte die ganze Welt umarmen können. • Ich jubelte innerlich. Ich war überglücklich. • Ich war außer mir vor Freude.

Geheimnisvoller Wald

Ich höre Geräusche im Wald.
Was zwitschert denn da?
Welch schöne Melodie.
Ich höre Geräusche im Wald.
Da entdecke ich eine Meise.
Sie fliegt hoch in den Baum.
Ich höre Geräusche im Wald.
Was zwitschert denn da?

1. Schreibe das Rondell Zeile für Zeile ab.
   Markiere gleiche Zeilen mit der gleichen Farbe.
2. Welche Zeilen sind bei einem Rondell gleich?
   Was ist mit den anderen Zeilen?
3. Schreibe selbst ein Rondell zum Wald. ⟶ **Tipp**
   Schreibe ordentlich und gut lesbar.

Schreibe ein Rondell zum Herbst.
Oder: Schreibe ein Rondell zu einem Thema deiner Wahl.

Tipp

Rondell

1 Der Wald ist geheimnisvoll.
2 Es raschelt und knackst.
3 ...
4 Der Wald ist geheimnisvoll.
5 ...
6 ...
7 Der Wald ist geheimnisvoll.
8 Es raschelt und knackst.

Entdeckungen im Wald

Waldameise • Waldboden • Waldtier
Waldhaus • Waldspaziergang • Waldkräuter
Walderlebnis • Buchenwald
Fichtenwald • Laubwald

1. Trenne die zusammengesetzten Nomen:
   die Waldameise: der Wald + die Ameise, …

2. Wonach richtet sich der Artikel beim zusammengesetzten Nomen? Markiere diesen Teil des Wortes:
   die Waldameise: der Wald + die Ameise, …

die Flasche • der Stiefel • der Pfad • der Schlüssel • das Fenster
der Stock • der Stab • der Schuh • der Weg • das Lied • die Karte
die Ausrüstung • die Schere • der Stuhl • das Eis • das Auto

3. Finde sinnvolle zusammengesetzte Nomen mit dem Verb wandern:
   wandern + der Stiefel: der Wanderstiefel, …

Finde ein Nomen, das aus möglichst vielen Nomen zusammengesetzt ist.

Merksatz

Zusammengesetzte Nomen (Substantive) werden großgeschrieben:
der Waldboden: der Wald + der Boden,
der Wanderstiefel: wandern + der Stiefel.

Die Farben des Waldes

Im Wald kannst du viele Farben entdecken. Nadelbäume und Laubbäume schimmern unterschiedlich grün. Die Blätter der Buche sind knallgrün. Die Nadeln einer Fichte sind eher moosgrün. Am Waldboden leuchtet der Fliegenpilz feuerrot. Dass der Fliegenpilz giftig ist, ist bekannt. Zwischen Steinen und Felsspalten leben Salamander. Du erkennst sie an ihrer Farbe. Ein Salamander ist rabenschwarz und sonnengelb. Bei Gefahr ist er blitzschnell verschwunden. Im Frühjahr leuchten die Blüten der Buschwindröschen schneeweiß. Zwischen Schilf, Farnen und Moosen am Waldweiher kann man den Frosch kaum entdecken. Seine Haut ist grasgrün. Dadurch ist er gut getarnt. Wenn du dich auf den Waldboden legst, strahlt es über dir himmelblau. Bei Regenwetter solltest du bei deinem Waldspaziergang eine wasserdichte Jacke anziehen.

1 Schreibe die zehn Adjektive untereinander, die aus Nomen und Adjektiv zusammengesetzt sind:
knallgrün
...

2 Trenne die zusammengesetzten Adjektive.
Schreibe so: knallgrün: der Knall + grün
...

so stark wie ein Bär • so fleißig wie eine Biene • so klar wie Glas
so still wie ein Mäuschen • so weich wie Butter • so fest wie ein Felsen

3 Bilde zusammengesetzte Adjektive: so stark wie ein Bär: bärenstark, ...

Merksatz

Zusammengesetzte Adjektive werden kleingeschrieben:
moosgrün: das Moos + grün, feuerrot: das Feuer + rot.

26

Was macht unsere Wälder krank?

Vor etwa 40 Jahren bemerkten die Menschen in Deutschland, dass die Bäume krank wurden. Betroffen waren zuerst die Tannen, dann die Kiefern und Fichten und immer häufiger auch Laubbäume.

Heute sind die Wälder in vielen Ländern in Gefahr. An den Blättern, Nadeln und Ästen erkennt man, dass der Baum krank ist.

Besonders schlimm aber sind die Schäden an den Wurzeln. Die Bäume bekommen nicht mehr genug Nährstoffe und Wasser. Sie verhungern und verdursten. Oft sind nur noch die kahlen Stämme sichtbar. Die vielen schädlichen und giftigen Stoffe in der Luft machen die Wälder krank und schwächen sie.

1. Schreibe alle Wörter mit ä und äu untereinander auf und suche verwandte Wörter:
   Wälder <–a–> Wald, ...

Äpfel • Läufer • Behälter • Geräusch • Sträucher
schädlich • Räuber • Kräuter • Härte • klären

2. Suche auch hier verwandte Wörter.

Finde in der Wörterliste weitere Wörter mit ä und äu.
Schreibe sie untereinander und suche verwandte Wörter.

Rechtschreibgespräch

In einem Rechtschreibgespräch könnt ihr in einer kleinen Gruppe von zwei bis vier Kindern über die Schreibweise schwieriger Wörter sprechen.

Bildet eine kleine Gruppe. Legt das Wort, über das ihr sprechen wollt, in die Mitte.

Jeder macht sich Notizen, warum das Wort so geschrieben wird, wie es geschrieben wird.

Stellt eure Notizen vor und sprecht darüber.

Waldgeräusche feuerrot
Wanderstiefel schneeweiß

Sucht ein neues Wort aus und sprecht darüber.

Rechtschreibtraining

Der Wald hat verschiedene Stockwerke. Oben breiten die Bäume ihre Kronen aus. Im mittleren Stockwerk wachsen kleinere Bäume und Sträucher. Im unteren Stockwerk wachsen Moose, Farne, Kräuter und Pilze.
In jedem Stockwerk leben Tiere. Hirsche, Rehe und Wildschweine leben am Waldboden. Das Eichhörnchen klettert an den Stämmen oder Ästen der Bäume. In den Kronen der Bäume leben Vögel und Insekten. Der Wald ist voller Geräusche und Farben. Die Blätter schimmern moosgrün oder grasgrün. Blumen leuchten sonnengelb oder schneeweiß. Je häufiger man in den Wald geht, desto mehr kann man entdecken.

Wörter mit ä und äu

Beim Begrüßen schütteln wir uns die ___ (Hand).

Am Sonntag um 12 Uhr ___ (laut) die Glocken.

Wenn ich etwas nicht verstehe, lasse ich es mir ___ (klar).

Vor einer Operation wird der Patient ___ (taub).

Paula soll das Durcheinander in ihrem Zimmer ___ (Raum).

Heute Nacht bin ich von einem komischen ___ (rauschen) geweckt worden.

Nach dem Aufwachen erinnern sich viele Menschen an ihre ___ (Traum).

Übungswörter

die Bäume
die Sträucher
die Kräuter
die Stämme
die Äste
die Geräusche
die Blätter
die Wälder
häufig
moosgrün
schneeweiß

1. Finde die passenden Wörter mit ä oder äu.
Schreibe sie mit ihren verwandten Wörtern auf:
betäubt <—a—> taub, …

Zusammengesetzte Nomen

Haustasche • Fensteraufgaben • Füllerklingel
Klassenmeister • Hausraum • Schulbild • Federplatz
Tafelbuch • Klassenpatrone • Sportschwamm

1 Was gibt es in der Schule? Setze die Unsinnswörter richtig zusammen:
die Hausaufgaben: das Haus + die Aufgaben, ...

scheinen
löschen • baden
schreiben • segeln • schauen
lesen • kochen
purzeln

2 Bilde zusammengesetzte Nomen. Sie können mit einem Verb oder mit einem Nomen beginnen:
die Sonne + scheinen: der Sonnenschein, ...

Zusammengesetzte Adjektive

so hoch wie ein Haus • so rot wie Wein • so süß wie Zucker
so rund wie eine Kugel • so glatt wie ein Spiegel • so kalt wie Eis

3 Bilde zusammengesetzte Adjektive: so hoch wie ein Haus: haushoch, ...

federleicht • riesengroß • blitzschnell • grasgrün
ziegelrot • steinhart • rabenschwarz

4 Erkläre die zusammengesetzten Adjektive:
federleicht: so leicht wie eine Feder, ...

5 Bilde Sätze mit zusammengesetzten Adjektiven:
Das Wasser steht haushoch. ...

Sonne, Mond und Sterne

Die Erde
Wir sind hier!

Galileo Galilei

Abendlied

Der Mond ist aufgegangen,
die gold'nen Sternlein prangen
am Himmel hell und klar.
Der Wald steht schwarz und schweiget
und aus den Wiesen steiget
der weiße Nebel wunderbar.

Wie ist die Welt so stille
und in der Dämmrung Hülle
so traulich und so hold.
Gleich einer stillen Kammer,
wo ihr des Tages Jammer
verschlafen und vergessen sollt.

Seht ihr den Mond dort stehen,
er ist nur halb zu sehen
und ist doch rund und schön.
So sind wohl manche Sachen,
die wir getrost belachen,
weil unsere Augen sie nicht sehn.

Matthias Claudius

Welche Stimmung ruft das Abendlied bei euch hervor? Überlegt gemeinsam, woran das liegt.

Unser Mond – ein Himmelskörper auf Reisen

Der Mond dreht sich um die Erde, genau wie die Erde sich um die Sonne dreht. Während sich der Mond um die Erde dreht, verändert er ständig seine Stellung zur Sonne, und es werden während der Erdumrundung unterschiedlich große Teile der uns zugewandten Seite beleuchtet. Das ist der Grund dafür, dass der Mond uns einmal voll und rund erscheint und dann wieder kleiner oder größer wird. Es dauert 29 Tage, bis der Mond seinen vollen Kreis um die Erde zurückgelegt hat. Während dieser Zeit verändert sich ständig seine Erscheinung.

Chang-hoon Jung

Du kannst die Reise des Mondes beobachten, wenn du an mehreren Abenden in den Himmel schaust.

Unser Sonnensystem

Unsere Erde gehört zu einer Familie von acht Planeten. Sie alle bewegen sich im Weltall wie drehende Kreisel auf bestimmten Bahnen rund um die Sonne herum. Weil die Sonne die Mitte bildet, nennt man alles zusammen Sonnensystem.

Die Sonne ist der einzige Stern unseres Sonnensystems. Auf einem Stern hat man keinen festen Boden unter den Füßen. Sterne sind riesige glühende Gaskugeln. Deshalb sehen wir zwar viele Sterne von der Erde aus leuchten, zu unserem Sonnensystem gehören diese aber nicht.

Planeten werden auch Wanderer genannt. Sie bestehen aus Eis oder Gesteinen, sie sind flüssig oder aus Gas. Diese Himmelskörper umkreisen einen selbstleuchtenden Stern, können aber kein eigenes Licht erzeugen. Sie sind kleiner und kälter als Sterne.

Einige Kleinplaneten sind so groß wie ein Haus, manche sogar so groß wie Deutschland, wieder andere sind nicht größer als ein Sandkorn. Millionen von ihnen umkreisen die Sonne. Ein anderes Wort für Kleinplanet ist Asteroid.

Zu unserem Sonnensystem gehören neben der Sonne und den Planeten auch Kometen und Monde.

Einen Kometen kennen wir als Stern mit Schweif. Ein Komet ist aber so etwas wie ein großer Schneeball, der vom Staub schmutzig geworden ist. Einen leuchtenden Schweif bekommen Kometen nur, wenn sie der Sonne zu nahe kommen. Dann fangen Staub und Gase an zu brennen.

Monde sind felsige Himmelskörper, die einen Planeten ohne Pause umkreisen. Sie senden kein eigenes Licht aus. Bis auf Merkur und Venus haben alle Planeten unseres Sonnensystems mindestens einen Mond. Der Erdmond ist staubig und trocken. Einschläge anderer Himmelskörper haben viele Krater hinterlassen. Die staubbedeckten Ebenen unseres Mondes werden Meere genannt.

1 Lies den Text. Kläre schwierige Begriffe.

2 Schreibe zu jedem Absatz drei wichtige Stichwörter auf.

3 Wähle einen Absatz aus. Fasse ihn schriftlich zusammen.
Oder: Berichte deinem Partner mündlich.

33, 34, 148, 149

Der kleine Prinz

Einmal hatte ein französischer Flieger mit seinem Flugzeug in der Wüste Sahara eine Panne. Als er versuchte, den kaputten Motor zu reparieren, stand plötzlich ein kleines Wesen bei ihm, das wie ein Prinz gekleidet war. Der Pilot hatte große Mühe, herauszufinden, wo dieses ungewöhnliche Männchen herkam. Doch bald wusste er eine erste wichtige Sache: Der kleine Prinz kam von einem anderen Planeten! Jetzt war der Flieger neugierig geworden ...

Ich bemühte mich also, mehr zu erfahren. Da versetzte der kleine Prinz ernsthaft: „Es ist so klein bei mir zu Hause! Geradeaus kann man nicht sehr weit gehen.“

Ich hatte eine zweite sehr wichtige Sache erfahren. Der Planet seiner Herkunft war kaum größer als ein Haus! Jeden Tag erfuhr ich etwas Neues über den Planeten, über die Abreise und über die Fahrt.

Am Morgen seiner Abreise brachte er seinen Planeten schön in Ordnung. Sorgfältig fegte er seine Vulkane. Er besaß zwei tätige Vulkane, das war sehr praktisch zum Frühstückskochen. Er riss auch ein bisschen schwermütig die letzten Triebe des Affenbrotbaumes aus. Und, als er die Blume zum letzten Mal begoss, entdeckte er in sich das Bedürfnis zu weinen. „Adieu“, sagte er zur Blume.

Antoine de Saint-Exupéry

1 Lest den Text. Wer erzählt diese Geschichte?

2 Was erfahrt ihr über den kleinen Prinzen? Notiert Stichwörter.

3 Erzählt euch aus der Sicht des kleinen Prinzen von seinem Planeten.

Zeichne den Planeten des kleinen Prinzen.

Ein Sachgespräch führen

In einem Sachgespräch könnt ihr euer Wissen über ein Thema austauschen. Bilder und Texte findet ihr in Büchern und im Internet. Bildet eine Gruppe von höchstens sechs Kindern.

Wählt einen Gesprächsleiter aus. Bestimmt ein Kind zum Zeitwächter.

Schreibt euer Thema auf ein Papier und legt es in die Mitte. Hier könnt ihr auch wichtige Stichwörter notieren.

Der Gesprächsleiter beginnt das Sachgespräch und bestimmt die Reihenfolge. Jedes Kind berichtet. Zeitwächter und Gesprächsleiter dürfen sich auch beteiligen.

Der Zeitwächter gibt fünf Minuten vor Schluss ein Zeichen.

Nach Ablauf der Zeit beendet der Gesprächsleiter das Sachgespräch.

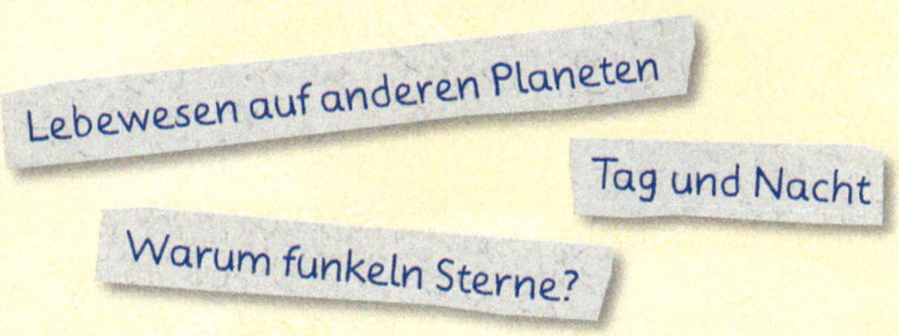

Unterwegs im Weltraum

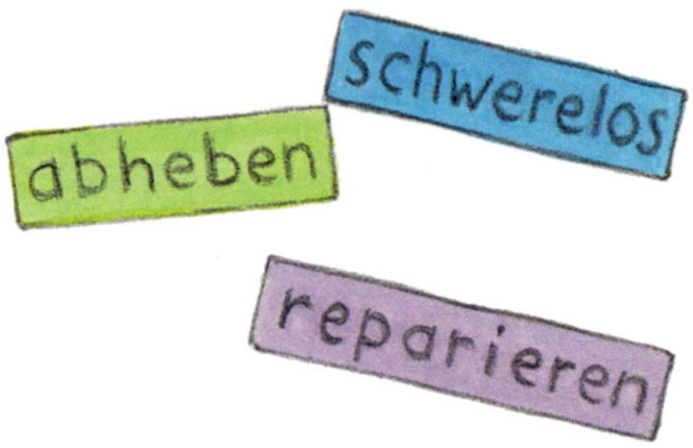

1. Sammle Wörter zu den Bildern.
   Schreibe jedes Wort auf eine Karte.
2. Bildet Kleingruppen.
   Tragt eure Wörter zusammen.
   Sortiert doppelte aus und
   ordnet die Wörter nach
   Nomen, Verben und Adjektiven.
3. Tragt alle Wörter in der Klasse
   zu einer großen Sammlung zusammen.

Sammelt weitere Wörter zum Thema Weltraum. Ergänzt sie in der Tabelle.

37, 155, 159

Eine Reise ins All

1. Betrachtet das Bild. Sammelt gemeinsam eure Ideen dazu an der Tafel.
2. Schreibe eine Geschichte zum Bild. Die Wörter von Seite 44 können dir helfen.
3. Überarbeitet eure Geschichten in einer Schreibkonferenz.

Die Landung auf dem Mond

Am 20. Juli 1969 schwebt die Landefähre Eagle über der Mondoberfläche. Neil Armstrong sucht eine geeignete Landestelle. Er hat dafür noch 75 Sekunden Zeit. Nur so lange reicht der Treibstoff. Doch hier schafft er es nicht. Ein Gewimmel von riesigen Felsbrocken bedeckt das Gebiet, ein Krater liegt neben dem anderen. Armstrong übernimmt schnell von Hand die Kontrolle. Er zieht den Steuerknüppel zu sich und bewegt die Eagle über einen gefährlichen Krater hinweg. Edwin Aldrin stockt der Atem. Die Uhr zeigt genau 21 Uhr, 17 Minuten und 46 Sekunden. Das Landemanöver gelingt und die Fähre berührt den staubigen Grund. Die beiden Amerikaner landen als erste Menschen auf dem Mond.

1 Suche alle Verben aus dem Text heraus und schreibe sie untereinander.

2 Schreibe die Grundform der Verben dazu. Markiere den Wortstamm:
schwebt – schweben, …

3 Bilde die Personalformen von lesen und nehmen im Präsens (Gegenwart).

Finde Verben, bei denen sich der Wortstamm verändert.

Merksatz

Verben haben verschiedene Personalformen.
Bei manchen Personalformen verändert sich der Wortstamm:

ich trage	**du trägst**	**er, sie, es trägt**
wir tragen	**ihr tragt**	**sie tragen**

Die Planeten

___ Sonnensystem, zu dem auch ___ Erde gehört, besitzt acht Planeten. Man kann sie in zwei Gruppen einteilen. ___ inneren Planeten Merkur, Venus, Erde und Mars sind unserer Sonne am nächsten. Sie besitzen ___ feste, erdähnliche Oberfläche. Jupiter, Saturn, Uranus und Neptun bestehen aus Gasen. Weil bei ihnen ___ Abstand zur Sonne größer ist, nennt man sie ___ äußeren Planeten. ___ bekannter Merksatz für ___ Reihenfolge ___ Planeten lautet:
Mein **V**ater **e**rklärt **m**ir **j**eden **S**onntag **u**nseren **N**achthimmel.

1 Schreibe den Text mit den passenden Artikeln ab: *der, die, das, ein, eine.*

Steckbrief Saturn:

Durchmesser:	120 500 km
Drehzeit um die eigene Achse:	10 Stunden
Umlaufzeit um die Sonne:	30 Jahre
Abstand zur Sonne:	1429 Millionen km
Temperatur im Inneren:	ca. 12 000° C
Temperatur in der Atmosphäre:	ca. –180° C
Besonderheiten:	Saturnringe, mindestens 60 Monde

2 Schreibe den Steckbrief zu einem Sachtext um. Markiere alle Artikel:
Der Durchmesser des Planeten Saturn beträgt …

Merksatz

Nomen können bestimmte oder unbestimmte Artikel haben:
der, die, das – ein, eine. Artikel können sich verändern:
der Planet Saturn – der Durchmesser des Planeten Saturn.

Die Erde – eine Scheibe?

Die Erde ist eine flache Scheibe und rund wie ein Kreis. Am Rand geht es wie bei einem Teller nicht weiter. So dachten die Menschen vor vielen Tausend Jahren. Obwohl es noch keine Hilfsmittel wie ein Fernglas gab, vermuteten schon vor 2000 Jahren Wissenschaftler, dass dieses Bild von der Erde nicht richtig war. Ein Mann namens Ptolemäus baute als einer der ersten Forscher einen Globus. Er fand durch Beobachtungen und Messungen heraus, dass die Erde rund wie ein Ball sein musste. Heute weiß man, dass unser Planet eher einer Orange ähnelt. An Nordpol und Südpol wird er ein wenig flacher.

Ptolemäus glaubte noch, dass sich die Sonne um die Erde drehte. Vor etwa 500 Jahren stellte der deutsche Astronom Nikolaus Kopernikus dann fest, dass dies nicht stimmt. Die Sonne bleibt im Zentrum stehen. Die Erde aber bewegt sich ständig, auch wenn wir davon nichts spüren. Für die Reise um die Sonne braucht unser Planet ein Jahr. Es gibt kalte und warme Jahreszeiten, da wir der Sonne mal nah und mal fern sind. Um sich selbst dreht sich die Erde an nur einem Tag. Dadurch geht für uns jeden Morgen die Sonne auf. Sie steigt bis mittags hoch an den Himmel und geht abends wieder unter. Unser treuer Begleiter ist der Mond. Er umkreist die Erde in einem Monat.

1. Finde zu den roten Wörtern verwandte Wörter: Kreis ←s→ Kreise, …
2. Finde auch zu den blauen Wörtern verwandte Wörter: glaubte ←b→ glauben, …
3. Finde eigene Nachdenkwörter und schreibe sie auf.

Wähle fünf Wörter aus und schreibe damit jeweils einen Satz.

41, 180

Wenn es dunkel wird

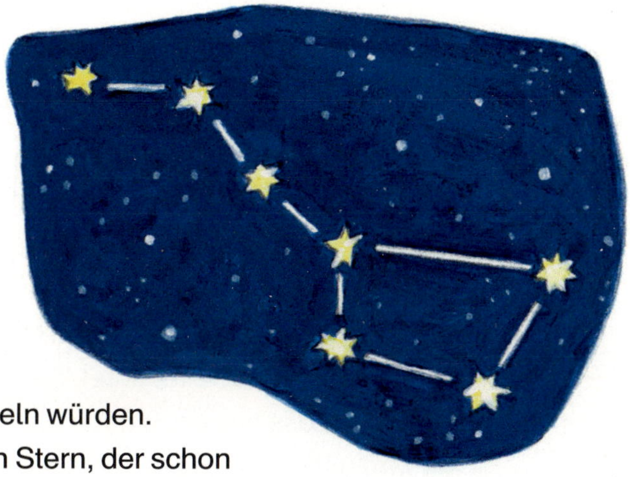

In sternklaren Nächten lohnt es sich, in den Himmel zu gucken. Hoch oben sehen wir ein Funkeln und Flimmern. Dabei besitzen Sterne im Weltall ein ruhiges Licht. Unsere Erde umgibt aber eine Hülle aus Luft. Diese Luft bewegt das Sternenlicht auf dem Weg zu uns. Dadurch sieht es aus, als ob Sterne funkeln würden. Manchmal erblicken unsere Augen einen Stern, der schon erloschen ist. Der ferne Gasball hat längst aufgehört zu brennen. Da seine Lichtstrahlen aber mehrere Hundert Jahre zu uns unterwegs sind, treffen sie erst auf die Erde, wenn es den Stern schon nicht mehr gibt. Beim Malen nach Zahlen müssen wir Punkte miteinander verbinden. Das klappt auch im Gewimmel von Sternen. So entstehen Umrisse von Bildern. 88 solcher Sternbilder gibt es heute. Einige entdecken wir nur schwer oder selten. Den Großen Wagen jedoch können wir das ganze Jahr über am Himmel erkennen.

1. Schreibe alle roten Wörter auf. Übermale die doppelten Konsonanten. Markiere den kurzen Vokal davor mit einem Punkt:
Himmel, gucken, …

Wa er • verste en • Hi el • ne en • So er
wo en • Za en • schü en • wi en

2. Setze passende Doppelkonsonanten oder tz oder ck ein. Schreibe die Wörter auf und trenne sie anschließend:
Wasser – Was-ser, verstecken – …

Bli • Lu e • schi en • ke en • Ne el
Lü e • ra en • Ka e • Mü e • Flü e

3. Überprüfe bei jedem Wort, ob der erste Vokal lang oder kurz klingt. Schreibe die Wörter mit passenden einfachen oder doppelten Konsonanten auf: Blitz, Lupe, …

Rechtschreibtraining

Jonas und sein Freund Jan müssen in der Schule schon bald einen Vortrag über den Mond halten. Zusammen gehen sie in die Bücherei. Dort gucken sie nach passenden Büchern. Am nächsten Tag setzen sie sich in die Leseecke und packen alles aus ihren Rucksäcken. Gestern Abend hat Jonas noch ein schönes Bild entdeckt. Er legt es in die Mitte. Zuerst wollen die Jungen wissen, ob der Mond von alleine leuchtet. Sie blättern in den Büchern, aber sie kommen nicht weiter. „Lass uns doch auch das Internet benutzen", schlägt Jan vor, „sonst wird unser Vortrag niemals fertig!"

Übungswörter

der Freund
müssen
der Mond
zusammen
gucken
passen
der Tag
sitzen
packen
die Rucksäcke
wollen
wissen
kommen
lassen
benutzen
werden
fertig

Nachdenkwörter

star ▢ • Hun ▢ • Ta ▢ • Urlau ▢ • Kin ▢ • Wor ▢
Gla ▢ • Pfer ▢ • Ber ▢ • Hau ▢ • Schil ▢ • Lan ▢ • Zu ▢
lusti ▢ • Fel ▢ • Mikrosko ▢ • gesun ▢ • Freun ▢ • Klei ▢

1 Suche verwandte Wörter:
stark <–k–> Stärke, …

Verben: Personalform und Wortstamm

kommen • packen • gehen

2 Bilde von diesen Verben alle Personalformen. Markiere den Wortstamm:
ich komme, du kommst, …

Doppelte Konsonanten, tz und ck

la___en • ko___en • Fü___er • fa___en • be___en • zusa___en
Wa___e • ke___en • tre___en • Scha___en • So___e • Mi___e

1 Setze passende doppelte Konsonanten ein.
Schreibe die Wörter nach Silben getrennt auf:
las-sen, …

Rücken • Suppe • sitzen • Tanne • kratzen
Witze • jucken • schmecken • kennen

2 Finde zu jedem Wort mindestens ein Reimwort.
Schreibe die Reimpaare nach Silben getrennt auf:
Rü-cken – …,

Bestimmte und unbestimmte Artikel

Matti, Fatma und Anni führen Experimente zum Thema Luft durch.
Für ___ ersten Versuch brauchen sie ___ Kerze, ___ Schere und ___ Blatt Papier.
Matti schneidet aus ___ Papier spiralförmig ___ Schlange aus und hängt sie an ___ Faden auf. ___ Lehrerin gibt Fatma ___ Kerze und Streichhölzer. Vorsichtig zündet Anni ___ Kerze an. Mit genügend Abstand halten ___ Kinder ___ Papierschlange nun über ___ Flamme.
Sie dreht sich und fängt an zu tanzen.

3 Schreibe den Text mit passenden bestimmten und unbestimmten Artikeln auf.

Der Norwegische Stachelbuckel

Harry Potter, Ron und Hermine besuchten den Wildhüter Hagrid in seiner Hütte im Wald.

Drinnen war es unerträglich heiß. Obwohl es draußen warm war, loderte ein Feuer im Kamin. Hagrid machte ihnen Tee. „Hagrid, könnten wir ein Fenster aufmachen? Ich komme um vor Hitze!“

„Geht nicht, Harry, tut mir leid“, sagte Hagrid. Harry sah, wie er einen Blick zum Feuer warf. Auch Harry sah hinüber. „Hagrid, was ist das denn?“

Doch er wusste schon, was es war. Unter dem Kessel, im Herzen des Feuers, lag ein riesiges schwarzes Drachenei. „Wo hast du es her, Hagrid?“, fragte Ron und beugte sich über das Feuer.
„Hab’s gewonnen“, sagte Hagrid. „Letzte Nacht. War unten im Dorf, hab mit einem Fremden ein wenig Karten gezockt. Das Ei muss im Feuer bleiben, weil die Mütter ihre Eier beatmen. Was ich hier habe, ist ein Norwegischer Stachelbuckel.“

„Aber was fängst du damit an, wenn es ausgebrütet ist?“, fragte Hermine. Was sollte mit Hagrid geschehen, wenn jemand herausfand, dass er einen gesetzlich verbotenen Drachen in seiner Hütte versteckte?

Einige Tage später brachte die Schnee-Eule Hedwig einen Zettel von Hagrid zu Harry Potter. Darauf standen nur zwei Worte: Er schlüpft. Am Ende der Kräuterkunde-Stunde rannten Ron, Hermine und Harry zum Waldrand. Hagrid begrüßte sie mit vor Aufregung rotem Gesicht. Er schob sie in die Hütte.

„Es ist schon fast raus.“

Das Ei lag auf dem Tisch. Es hatte tiefe Risse. Etwas in seinem Inneren bewegte sich; ein merkwürdiges Knacken war zu hören.

Sie stellten ihre Stühle um den Tisch herum und sahen mit angehaltenem Atem zu. Mit einem plötzlichen lauten Kratzen riss das Ei auf. Das Drachenbaby plumpste auf den Tisch. Es war nicht gerade hübsch; Harry kam es vor wie ein verschrumpelter schwarzer Schirm. Seine knochigen Flügel waren riesig im Vergleich zu seinem dünnhäutigen rabenschwarzen Körper; es hatte eine lange Schnauze mit weit geöffneten Nüstern, kleine Hornstummel und hervorquellende orangerote Augen. Es nieste. Aus seiner Schnauze flogen ein paar Funken. „Ist es nicht schön?“, murmelte Hagrid. Er streckte die Hand aus, um den Kopf des Drachenbabys zu streicheln. Es schnappte nach seinen Fingern und zeigte dabei seine spitzen Fangzähne. „Ich will ihn Norbert nennen“, sagte Hagrid und blickte den Drachen mit feuchten Augen an. „Hagrid“, fragte Hermine, „wie schnell wachsen eigentlich Norwegische Stachelbuckel?“ Hagrid wollte gerade antworten, als mit einem Mal die Farbe aus seinem Gesicht wich – er sprang auf und rannte ans Fenster. „Was ist los?“ „Jemand hat durch den Spalt in den Vorhängen reingeschaut, ein Junge, er rennt zurück zur Schule.“ Harry sprang zur Tür und sah hinaus. Selbst auf diese Entfernung gab es keinen Zweifel, wer es war. Malfoy hatte den Drachen gesehen.

Sprich so:
Härri, Hägrit, Mälfeu

Willst du wissen, wie die Geschichte weitergeht? Lies in „Harry Potter und der Stein der Weisen“ ab Seite 257.

Der Sturm

Der Silberdrache Lung, das Koboldmädchen Schwefelfell und Ben, der Drachenreiter, sind unterwegs zum Drachenparadies „Saum des Himmels“. Sie hoffen, dort in den Bergen des Himalaja eine Heimat für die Drachen zu finden.

Als die Morgendämmerung kam, fanden sie einen Rastplatz in der Nähe der griechischen Küste, in einem Olivenhain. Sie verschliefen den Tag zwischen zirpenden Zikaden und brachen wieder auf, als der Mond aufging. Lung wandte sich nach Südosten, der syrischen Küste zu. Die Nacht war mild und ein heißer Wind strich von Süden übers Meer.

Aber noch vor der Morgendämmerung schlug das Wetter um. Der Wind, der ihnen schon die ganze Zeit entgegenblies, wurde stärker und stärker. Lung versuchte ihm auszuweichen. Er stieg mal höher und ließ sich dann wieder tiefer sinken, aber der Wind war überall. Immer mühsamer kam der Drache voran. Wolken türmten sich wie Himmelsgebirge vor ihnen auf. Donner grollte. Blitze erhellten den immer noch dunklen Himmel.

„Wir kommen vom Kurs ab, Lung!“, rief Ben. „Der Wind treibt dich nach Süden!“

„Ich komme nicht gegen ihn an!“, rief der Drache. Mit all seiner Kraft stemmte er sich gegen den unsichtbaren Feind. Doch der Wind riss ihn mit sich, heulte ihm in die Ohren und drückte ihn hinunter, auf die schäumenden Wellen zu. Ben und Schwefelfell klammerten sich verzweifelt an Lungs Zacken.

Zum Glück hatte auch Schwefelfell sich festgebunden. Ohne die Riemen wären sie von Lungs Rücken gerutscht und in die Tiefe gestürzt. Regen peitschte aus den Wolkenbergen auf sie herab. Bald waren die Zacken des Drachen so glitschig, dass ihre Hände nirgendwo mehr Halt fanden und Schwefelfell sich an Bens Rücken klammerte.

Unter ihnen schäumte das Meer. Ein paar Inseln lagen zwischen den Wellen, sonst war kein Land in Sicht.

„Ich glaub, wir treiben auf die ägyptische Küste zu!“, schrie Ben.

Schwefelfell klammerte sich noch fester an ihn. „Küste?“, rief sie. „Küste ist gut, egal. Hauptsache, wir landen nicht in der Suppe da unten.“

Die Sonne ging auf, aber sie war nur ein blasses Licht hinter den dunklen Wolken.

Lung kämpfte. Der Sturm drückte ihn immer wieder auf die Wellen zu, so tief, dass die Gischt Ben und Schwefelfell ins Gesicht spritzte. Bens Haar war klitschnass. Seine Ohren schmerzten vom Gebrüll des Sturms. Er sah, dass Lung die Flügel immer schwerer wurden. Dann tauchte plötzlich ein Küstenstreifen aus dem Dunst auf.

„Da!", schrie Ben. „Da vorne ist Land, Lung. Schaffst du es dahin?"
Mit letzter Kraft stemmte der Drache sich gegen den Wind und näherte sich langsam, ganz langsam dem rettenden Ufer. Hinter ihnen peitschte das Meer gegen niedrige Klippen, Palmen bogen sich im Wind.
„Wir schaffen es!", schrie Schwefelfell und bohrte ihre kleinen Krallen durch Bens Pullover. „Wir schaffen es!"
Mit ein paar letzten Flügelschlägen ließ der Drache das Meer hinter sich, sank tiefer und landete erschöpft in feinem, weichem Sand.

Cornelia Funke

1 Lies den Text. Kläre unbekannte Begriffe.

2 Beantworte die Fragen:
- Wie heißt der Drachenreiter?
- Wo fanden Lung, Ben und Schwefelfell einen Rastplatz?

3 Überlege dir drei eigene Fragen. Die anderen Kinder antworten.

Sammle Informationen über die Autorin Cornelia Funke.

47, 48

Siegfried, der Drachentöter

Vor vielen Jahren lebte in Xanten ein niederländischer Königssohn mit Namen Siegfried. Eines Tages machte Siegfried sich auf, die Welt zu erkunden.
Er wanderte zum Rhein und kam am Fuße des Siebengebirges zu dem Waffenschmied Mime, bei dem er das Schmiedehandwerk erlernen wollte.
Doch Siegfried war als Schmied nicht zu gebrauchen. Er ließ den Hammer mit solcher Wucht auf das glühende Eisen niedersausen, dass der Ambos tief in den Boden sank. Mime überlegte, wie er Siegfried wieder loswerden könnte. Er schickte ihn tief in den Wald, um Holzkohle zu brennen. Dort hauste jedoch ein furchtbarer Drache. Siegfried fällte Bäume und schichtete das Holz zu einem Meiler auf. Da ging der Lindwurm mit offenem Rachen auf ihn los.
Siegfried riss einen glühenden Baumstamm aus dem Kohlenmeiler und stieß ihn dem Drachen ins Maul. Der wälzte sich am Boden und versuchte, Siegfried mit dem Schwanz zu treffen. Aber der wich ihm geschickt aus. Dabei stürzte der Lindwurm ins Feuer und verbrannte. Seine hörnerne Schuppenhaut schmolz in der Hitze und floss über den Boden. Siegfried hörte einen kleinen Vogel singen: „Bade in dem flüssigen Horn. Dann wirst du unverwundbar sein.“
Siegfried folgte diesem Rat. Seine Haut wurde undurchdringlich wie ein Drachenpanzer. Doch an seiner rechten Schulter klebte ein Lindenblatt, das vom Baum gefallen war. So blieb diese Stelle ungeschützt. Der Ort, an dem Siegfried den Drachen besiegte, heißt bis auf den heutigen Tag Drachenfels.

überliefert

1. Lies die Sage. Kläre die Bedeutung der markierten Wörter.
2. Realistische Ortsangaben machen eine Sage aus.
   Welche Ortsbezeichnungen von der Karte findest du im Text? Notiere die Zeile.
3. Erzähle die Sage mit eigenen Worten.

Male ein Bild zu der Sage.

49, 50

Paff, der Zauberdrache

Text: F. Oldörp/Melodie: P. Yarrow

Der kleine Jacky Paper liebte den Paff so sehr
und ritt auf Paff vergnügt und froh oft über Land und Meer.

Und lockte sie die Ferne, schwamm Paff bis nach Schanghai.
Von seinem Rücken rief dann laut der Jacky froh: „Ahoi!“

Die Schiffe der Piraten, die nahmen gleich Reißaus,
und alle riefen: „Paff in Sicht, wir segeln schnell nach Haus.“

Ein Drache, der lebt ewig, doch kleine Boys, oh nein!
Und so kam für Paff der Tag und er war ganz allein.

Er weinte Drachentränen, traurig war sein Blick,
doch seine Tränen brachten ihm den Jacky nie zurück.

Weil er mit Klein-Jacky den besten Freund verlor,
schloss er sich in die Höhle ein und kam nie mehr hervor.

Paff, der Zauberdrache, lebte am Meer,
auf einem Inselparadies, doch das ist schon lange her.

1 Lies den Text des Liedes.

2 Singt gemeinsam das Lied.

3 *Und so kam für Paff der Tag und er war ganz allein.* Was heißt das?

Eine Drachengeschichte beginnt

1 Betrachtet die Bilder. Wo und wann könnte sich das Geschehen ereignet haben?

2 Suche dir ein Bild aus und schreibe eine passende Einleitung, die die Fragen Wer?, Wo? und Wann? beantwortet.

3 Eine Geschichte kann auch mit einer spannenden Einleitung beginnen. Suche dir ein zweites Bild aus und schreibe eine Einleitung, die spannend und überraschend beginnt.

Geschichten aus der Schachtel

Tipp

1 Sieh dir den Drachen-Tipp an. Wie kann eine Geschichte aufgebaut sein?

2 Schreibe eine Geschichte mit allen Wörtern und Dingen aus einer Schachtel.
Oder: Schreibe deine Geschichte von Seite 60 weiter. ⟶ **Tipp**

3 Rahme die Einleitung und den Schluss deiner Geschichte ein.
Markiere die wörtliche Rede.
Unterstreiche den Höhepunkt.

Wörtliche Rede macht deine Geschichte lebendig.

4 Überarbeite deine Geschichte in einer Schreibkonferenz (siehe Seite 13).
Schreibe in gut lesbarer Handschrift oder mit dem Computer.

Stellt eure Geschichten in der Klasse aus.

Der Komodowaran

Der Komodowaran galt lange als Fabelwesen. Aber als Perlenfischer 1912 bei stürmischem Wetter auf der Insel Komodo an Land gehen mussten, bekamen sie ihn tatsächlich zu Gesicht. Er kommt nur auf sechs indonesischen Inseln vor. Männliche Komodowarane können bis zu drei Meter lang werden. Die riesigen Echsen sind tagaktiv. Nachts verkriechen sie sich in ihren Höhlen. Komodowarane fressen vor allem Aas, jagen aber auch lebende Tiere. Sie können sogar Hirschen und Wildschweinen gefährlich werden. Ihr Biss ist tödlich. Die giftigen Keime im Speichel lösen Infektionen aus, an denen die Beutetiere sterben. Die Komodowarane riechen mit der Zunge. Aasgeruch können sie aus einer Entfernung von vielen Kilometern wahrnehmen.
Übrigens:
Der Komodowaran heißt auf Englisch „komodo dragon" (= Komodo-Drache).

1 Schreibe aus dem Text die sieben Adjektive mit -ig, -lich oder -isch untereinander auf.

2 Verwandele die Adjektive mit -ig, -lich oder -isch in Nomen:
stürmisch – Sturm, …

Macht • Schreck • Typ • Wissenschaft • Himmel • Wald • Hunger • Angst
Tier • Nacht • Natur • Süden • Regen • Stein • Sand • Räuber • Laune

3 Verwandle die Nomen aus dem Kasten in Adjektive.
Trage sie in eine Tabelle ein:

-ig	-lich	-isch
mächtig	…	…

Informiert euch in Büchern und im Internet über den Komodowaran.

53, 166

Mutlos

Jim Knopf und Lukas, der Lokomotivführer, wollen Li Si, die Tochter des Kaisers von China, aus der Drachenstadt Kummerland befreien. Im Land der kleinen Vulkane treffen sie den traurigen Halbdrachen Nepomuk. Nepomuk ist ein Halbdrache, weil seine Mutter keine Drachendame, sondern ein Nilpferd war.

Nepomuk hockte reglos auf seinem Vulkan und seufzte hörbar. „Was ist denn los?“, fragte Jim. Nepomuk hielt mühsam die Tränen zurück. „Mein Vulkan ist ausgegangen. Das ist eine furchtbare Schande für einen Drachen. Seit Stunden probiere ich erfolglos, das Feuer wieder anzuzünden. Alle Versuche waren nutzlos.“ Nepomuk schüttelte mutlos den Kopf. „Vielleicht ist es ratsam, dass wir einmal nachsehen. Wir verstehen uns auf Sachen, die mit Feuer zusammenhängen“, schlug Lukas vor. „Ach, das wäre wunderbar“, quiekte Nepomuk atemlos. „Da wäre ich euch sehr dankbar.“

nach Michael Ende

1 Lies den Text. Schreibe alle Adjektive mit der Endung -bar, -los, -sam untereinander auf.

2 Verwandele diese Adjektive in Nomen oder Verben:
reglos – sich regen, hörbar – hören, mühsam – die Mühe, …

denken • schweigen • Wort • Hilfe • fühlen • Ausweg • wachen • sparen • spüren
Ende • heilen • erreichen • fürchten • Furcht • erklären • kleiden • Kopf • greifen

3 Verwandle die Nomen und Verben in Adjektive mit den Wortbausteinen -bar, -los und -sam: denkbar, …

54, 166

Auf zum Drachenkampf

Ein armer Ritter haust allein auf seiner verfallenen Ritterburg. Er bestellt ein paar Felder mit Hafer und Rüben. Eines Tages kommt ihm zu Ohren, dass ein Drache Wälder und Dörfer verwüstet. Die Dorfleute sind vor Angst erstarrt. „Ihr müsst das Untier vertreiben!“, fordern sie. „Das passt mir gut“, ruft der Ritter. „Vielleicht versteckt der Drache einen Schatz in seiner Höhle.“ Der Ritter flickt seine rostige Rüstung und putzt seinen Helm. Er setzt sich auf sein altes Ross und beginnt die Suche nach der Drachenhöhle.

1 Lies den Text.
Suche zu den farbigen Verben die verwandten Wörter:
er bestellt ←ll→ bestellen
es kommt ...

fallen • rennen • treffen • blicken • fassen
stellen • schützen • stimmen • lassen • schaffen

2 Bilde zu den Verben die Du-Form, die Er-Form und die Ihr-Form: fallen: du fällst, er fällt, ihr fallt, ...

Der arme Ritter ke__t sich in dem wilden Wald nicht aus.
Er i__t mit seinem Pferd tagelang umher.
Dichtes Gestrüpp verspe__t ihm den Weg. Nirgends tri__t er auf Drachenspuren. Endlich entde__t er eine Felsenhöhle.
Er wa__t sich nicht hinein. Er sta__t in das dunkle Loch.
Dann fa__t er sich ein Herz und brü__t: „...“

3 Schreibe den Text vollständig auf und ergänze den letzten Satz.
Einmal darfst du keinen Doppelkonsonanten einsetzen.

Die Insel der Drachen

Es war einmal eine Felseninsel. Ihre Vulkane stießen Rauch und F🔥er aus und str🔥ten glühende Asche umher. Wirbelstürme fegten über den Sand. Blitze führten am Himmel wahre T🔥felstänze auf. Turmhohe Wogen sch🔥mten auf den Klippen. Giftige Str🔥cher wuchsen da, Dornenbüsche und Stachelgestrüpp. Sch🔥ßliche Drachenungeh🔥er bewohnten die Insel, glotz🔥gige R🔥ber mit gepanzerten Körpern und gefährlichen Zähnen. Ein Sch🔥sal sah grässlicher aus als das andere. Sie tr🔥mten von n🔥en Gelegenheiten, kratzend und beißend übereinander herzufallen. Ihre größte Fr🔥de war, andere Wesen leiden zu sehen. Wenn sich ihre Wege kr🔥zten, begann ein gnadenloser Kampf. Sie h🔥lten und k🔥chten. Der Verlierer wurde die B🔥te des Siegers. Eines Tages – wie aus dem Nichts aufgetaucht – war da eine merkwürdige Blume mit l🔥chtend blauen Blüten ...

1. Lies den Text. Welche Buchstaben verbergen sich hinter den Flammen?
2. Finde fünf Lückenwörter, die ein verwandtes Wort mit au haben:
   schäumten ←äu→ Schaum, ...
3. Schreibe den Text ab. Ergänze eu bei Wörtern ohne verwandtes au-Wort.

- Schreibe die Geschichte weiter.

56

Rechtschreibtraining

Zwischen den Sträuchern liegt ein dickes Drachenei. Tiefe Risse sind in der schwarzen Schale. Darunter bewegt sich undeutlich etwas. Es knackt merkwürdig. Plötzlich platzt die Schale auf. Das Drachenbaby liegt hilflos im Sand. Es hat eine lange Schnauze, zwei kleine Hornbeulen und rötliche Augen. Es niest. Ein paar Feuerfunken fliegen. Die feuchten Flügel sind riesig im Vergleich zum Körper. Eine Weile ruht der kleine Drache erschöpft. Dann streckt er sich. Aber die kurzen Beine knicken ein. Er schafft es nicht. Der Drache fällt um. Er keucht. Mit einem Ruck stemmt er sich wieder hoch. Er stützt sich mit dem Schwanz ab und steht.

Wörter trennen

blicken • pflücken • sollen • rennen • rollen • hetzen
knallen • wissen • klirren • blitzen • stellen • zucken

1 Bilde zu jedem Verb die Er-Form im Präteritum (Vergangenheit).
Trenne alle Verben: bli-cken, er blick-te, …

Wörter mit eu und äu

Am Himmel fliegt ein ___.
Ich bin hingefallen und habe am Kopf eine große ___.
Das Gegenteil von trocken ist nass oder ___.
Ich versuche, die anderen von meiner Meinung zu ___.
Ein Wort für ein kleines Haus: ___.
Zweiundsiebzig geteilt durch acht sind ___.
Ein Mann hat den Unfall beobachtet. Er ist ein wichtiger ___.
Im Urlaub erlebten wir ein spannendes ___.
Julian ist mein bester ___.
Hotzenplotz war ein ___.

2 Ergänze die Sätze durch Wörter mit eu und äu.

Übungswörter

die Sträucher
undeutlich
knacken
platzen
hilflos
die Schnauze
das Feuer
feucht
strecken
knicken
schaffen
stemmen
stützen
sich freuen
schäumen
heulen
furchtsam

Adjektive mit -ig, -lich, -isch

Fett

Rest

Freund

Neid

Glück

Europa

Magnet

Durst

Dieb

-ig
-lich
-isch

Gespenst

Tag

Feind

Witz

Mut

Spanien

Zorn

Fleiß

Ärger

1 Bilde aus den Nomen Adjektive:
Rest – restlich, Europa – …

2 Bilde die Vergleichsstufen der Adjektive mit -ig:
mutig, mutiger, am mutigsten
witzig, …

Adjektive mit -bar, -los, -sam

machen • Sprache • halten • sparen • Liebe • essen • Hilfe • fahren
Schmerz • drehen • Sorge • folgen • lenken • Ruhe • biegen • Herz

3 Bilde Adjektive mit den Wortbausteinen -bar, -los, -sam.
Manchmal passen mehrere Wortbausteine:
machbar, sprachlos, …

Mädchen und Jungen

Inger

Als Inger in unsere Klasse kam, brauchte sie genau sechzehn Sekunden, um zur Heldin zu werden.

„Möchtest du dich nicht setzen, Inga?“, fragte Herr Wirtz, nachdem unsere neue Mitschülerin sich vorgestellt hatte.
Ihre Schneidezähne standen ein wenig zu weit auseinander, genau wie ihre großen Augen. Sie trug lange, zerlöcherte Kniestrümpfe.

„Ich heiße Inger, nicht Inga“, sagte die Neue.
„Nun, Inger, möchtest du dich nicht setzen?“
„Wenn Sie nichts dagegen haben“, antwortete Inger freundlich, „würde ich gern noch ein Weilchen stehen.“
„Ich habe ganz entschieden etwas dagegen“, sagte Herr Wirtz.
Seine Stimme war sehr scharf geworden.
„Wenn Sie etwas dagegen haben“, sagte Inger, „warum fragen Sie dann erst so doof?“

Eines Tages kam Inger in der großen Pause auf mich zu.
„Ich möchte, dass du mein Freund wirst“, sagte sie.
„Warum?“, fragte ich.
„Weil du ein kleines, verlorenes Wesen bist auf dem Ozean der Zeit.“
Ich fühlte mich überhaupt nicht verloren, kein bisschen. Aber das behielt ich für mich. Ich spürte wohl, wie wichtig es für Inger war, mich gefunden zu haben.
„Kannst du zwischen zwei Zähnen durchspucken?“, fragte sie.
Ich schüttelte den Kopf.
„Aber ich.“ Sie machte es mir vor. Alle sahen zu. Sie spuckte drei Meter weit, durch ihre breite Zahnlücke hindurch.
„Das war großartig“, sagte ich.
„Es war fulminant“, sagte Inger grinsend.
So wurden wir Freunde.

Andreas Steinhöfel

Wie wichtig ist es, Freunde zu haben?

Ronja und Birk

Mitten im Wald wächst Ronja auf, die Tochter des Räuberhauptmanns Mattis. Auf ihren einsamen Streifzügen trifft sie auf Birk. Doch Birk ist der Räubersohn aus der Sippe von Borka und damit ein Feind. Dennoch entsteht zwischen den beiden Kindern eine tiefe Freundschaft. Eines Tages wird Birk von Mattis gefangen genommen. An einer Schlucht, dem Höllenschlund, stehen sich die Räubersippen gegenüber. Wütend überlegt Ronja, wie sie ihren Vater zur Freilassung von Birk zwingen kann.

Und plötzlich wusste sie, wie. Wusste, was sie zu tun hatte. Schon einmal vor recht langer Zeit hatte sie es ja getan und auch damals aus Zorn, aber nicht so außer sich vor Wut, wie sie jetzt war. Fast wie von Sinnen nahm sie einen Anlauf und flog über den Höllenschlund.

Mattis sah sie mitten im Sprung, und ein Schrei brach aus ihm heraus. Es war ein Schrei, wie ihn wilde Tiere in Todesangst ausstoßen, und seinen Räubern gefror das Blut in den Adern, denn Schlimmeres hatten sie nie gehört. Und dann sahen sie Ronja, seine Ronja, auf der anderen Seite des Abgrunds beim Feind. Ärgeres hätte nicht geschehen können und auch nichts, was so unfassbar war.

Unfassbar war es auch für die Borkaräuber. Sie starrten Ronja an, als hätte sich plötzlich eine Wilddrude unter ihnen niedergelassen. Borka war genauso verblüfft, fasste sich aber bald. Etwas war geschehen, das alles änderte. So viel war ihm klar. Hier war also Mattis' Wilddrude von Tochter gekommen, um ihm aus der Klemme zu helfen. Warum sie so etwas Wahnwitziges getan hatte, begriff er zwar nicht, aber er legte ihr flink einen Riemen um den Hals und lachte in sich hinein, während er es tat.

Astrid Lindgren

Warum springt Ronja über den Höllenschlund?

Liebe ist … manchmal so und manchmal so

Liebe verursacht
Schmetterlinge im Bauch.

Liebe ist
wie ein Magnet.

Liebe ist
manchmal wie
ein Kloß im Hals.

Liebe lässt
einen alles durch
eine rosarote Brille sehen.

Liebe ist
wie auf Wolken
zu laufen.

1 Woran merkt man, dass jemand verliebt ist?
Kann man es auch sehen, wenn jemand verliebt ist?
Tauscht euch aus.

Liebe macht blind. • Liebe geht durch den Magen. • Liebe macht Herzklopfen. • Liebe ist wie ein Geschenk. • Liebe …

2 Wähle eine Aussage aus und stelle sie als Bild dar.
Oder: Denke dir eine eigene Aussage zur Liebe aus und stelle sie als Bild dar.

61, 62, 63

Küss die Sterne

Ose-Dose (die Lehrerin) stand mit dem Rücken zur Tafel,
auf der mit gelber Kreide geschrieben stand:

Die Frage war, wer diese fünf schrecklichen Wörter geschrieben hatte.
Hinten saß Sara und weinte, und Wannas und Amalies Taschentücher
konnten bald ausgewrungen werden.

Esben war vor die Tür gesetzt worden, weil er die ganze Zeit gerufen hatte,
dass er alle Mädchen hasste, Sara ganz besonders; und Sara sagte,
Esben sei der blödeste Mistkerl in dieser und in der Unterwelt,
und sie wollte ihm bei der erstbesten Gelegenheit die Haare ausreißen,

und damit war es allen klar,
dass auf der Tafel die reine Wahrheit stand.

Bjarne Reuter

1 Was sagt Esben über Sara, was sagt Sara über Esben?

2 Tauscht euch aus:
- Warum reden die beiden so übereinander?
- Wie sehen ihre wahren Gefühle füreinander aus?

3 Beschreibt Situationen, in denen man seine echten Gefühle
nicht zeigen möchte.

Vorbilder und Idole

Kinder zwischen sechs und dreizehn Jahren wurden befragt, ob sie für eine Person, eine Gruppe oder eine Figur schwärmen. Dabei kam heraus, dass es Unterschiede zwischen Mädchen und Jungen gibt.

Gibt es eine Person oder Gruppe, für die du besonders schwärmst?

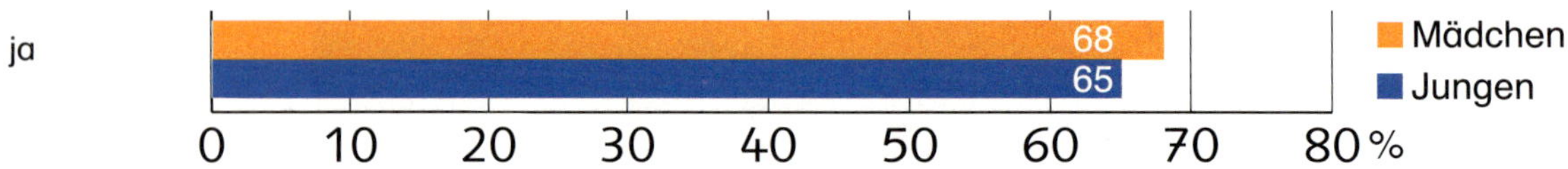

Die Mädchen und Jungen, die das mit Ja beantwortet haben, wurden gefragt, aus welchen Bereichen ihre Vorbilder oder Idole kommen.

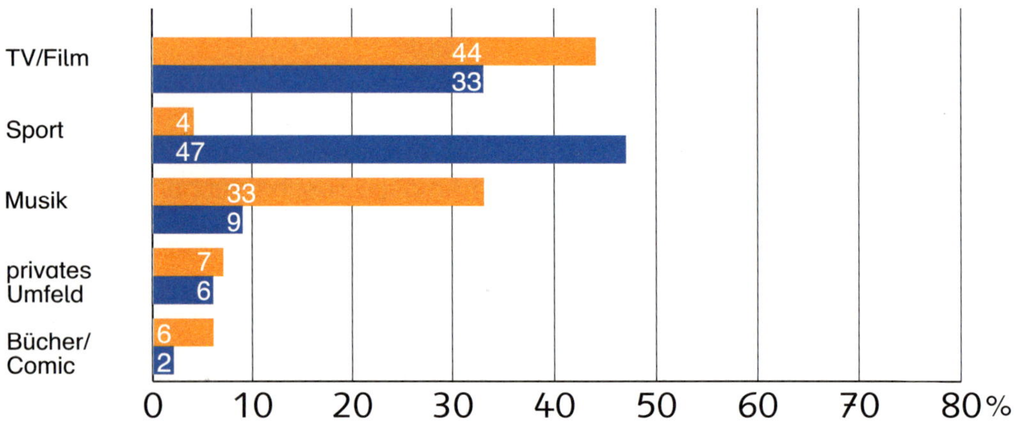

1 Lies den Text und das Diagramm.
- Wie viel Prozent der Mädchen haben ein Vorbild oder Idol?
- Wie viel Prozent der Jungen haben ein Vorbild oder Idol?
- Aus welchen Bereichen kommen die Vorbilder oder Idole?

2 In welchem Bereich haben besonders viele Jungen Vorbilder oder Idole?
In welchem Bereich haben besonders viele Mädchen Vorbilder oder Idole?

3 Mädchen und Jungen haben verschiedene Vorbilder oder Idole.
Warum ist das so?

Führt eine eigene Befragung zu Vorbildern und Idolen durch.
Stellt das Ergebnis in einem Balkendiagramm dar.

64, 146

Typisch Mädchen, typisch Junge – oder?

1. Lest die Behauptungen über Mädchen und Jungen. Was denkt ihr darüber?
2. Sind diese Behauptungen Vorurteile? Begründet eure Meinungen.
3. Wie entstehen solche Behauptungen? Diskutiert.

Bücher, Bücher …

Zu einer Buchvorstellung gehören das Nennen von **Titel, Autor** und **Verlag,** eine kurze **Zusammenfassung** und das Vorlesen einer besonderen **Textstelle.** Manchmal ist es schwierig, den Inhalt eines Buches kurz und trotzdem passend zusammenzufassen. W-Fragen können dabei helfen.

Mein Buch ist von meinem Lieblingsautor Andreas Steinhöfel und handelt von Paul Walser, genannt Paul Vier.

Beantworte möglichst kurz die Frage:
Wer ist die Hauptperson?
Wer sind die Hauptpersonen in dem Buch?

Paul lebt in der Ulmenstraße im hübschen und verschlafenen Ort Bergwald.

Wo spielt die Geschichte?

In dem Buch wird erzählt, was sich plötzlich in der Ulmenstraße ändert, als die Schröders in Pauls Nachbarhaus einziehen. Die Schröders sind irgendwie anders und Paul ist der Einzige, der die Schröder-Kinder mag. Dabei sorgt fast jeden Tag eines von ihnen für Ärger.

Was passiert in deinem Buch?
Auch diese Fragen können wichtig sein:
Warum passiert es?
Wann spielt die Geschichte?

Das Ende verrate ich euch nicht. Lest das Buch lieber selber.

Wie endet das Buch?
Achtung:
Manchmal ist es besser, nicht alles zu verraten.

Andreas Steinhöfel schreibt seit über 20 Jahren Geschichten für Kinder.

Alle gegen die Schröders

Sprecher:
Paul Vier und sein bester Freund Claus besuchen das Bergwald-Gymnasium. Nach dem Umzug kommen die Geschwister Erasmus und Delphine Schröder auch auf diese Schule. Erasmus geht in die gleiche Klasse wie die beiden Freunde. Die schöne Delphine, in die Paul sich sofort verliebt hat, geht in die Klasse darüber. In Pauls Straße sind alle gegen die Schröders. Trotzdem fasst Paul sich ein Herz und er spricht Erasmus in der Schule an. Sie verabreden sich, gemeinsam nach Hause zu gehen. Als Paul später Claus davon erzählt, wird der sauer.

Claus: Was soll das?
Paul: Was soll was?
Claus: Du kennst den Typen doch überhaupt nicht. Und ich krieg einen tierischen Anschiss, wenn meine Mutter mich mit dem zusammen sieht!
Paul: Er ist nett. Er ist unser Nachbar.
Claus: Du willst über ihn an Delphine rankommen!
Paul: Blödsinn! …
Claus: …

Andreas Steinhöfel

1. Lest die Szene mit verteilten Rollen.
2. Wie könnte die Szene weitergehen? Probiert mehrere Möglichkeiten aus.
3. Schreibt eine fertige Szene ganz auf. Spielt sie anderen Kindern vor. → **Tipp**

Tipp

Schreibt gut lesbar.	
Gebt der Szene eine Überschrift.	Alle gegen die Schröders
Notiert die Mitspieler.	Mitspieler: Sprecher, Paul, Claus
Nennt zu Beginn den Namen des Sprechenden. Schreibt auch auf, wie gesprochen wird.	Sprecher (langsam, deutlich): Paul Vier und sein …
Beginnt mit jedem Personenwechsel eine neue Zeile.	Claus (wütend): Was soll das? Paul (überrascht): Was soll was? …

Kriegen alle Kinder Pubertät?

Klar. Früher oder später kommt sie. Denn die Pubertät ist in uns verankert, in unserem Erbmaterial. Keiner kann sich dagegen wehren. Hormone geben im Gehirn irgendwann das Signal. Wann es geschieht, ist allerdings bei jedem unterschiedlich.

Antje Helms

Der Körper verändert sich.
Annie und Maria wachsen schnell.
Tom bekommt breitere Schultern.
Mattis Stimme klingt tiefer.

1 Schreibe die farbigen Sätze ab und markiere Subjekt und Prädikat unterschiedlich.
Frage so: Subjekt: *Wer oder was* verändert sich?
Prädikat: *Was tut* der Körper?

Ständig kichern Paula und Max über etwas.
Bei Pia wechselt ihre Laune oft ganz plötzlich.
Viele Jugendliche streiten häufiger mit ihren Eltern.
Neuerdings benutzt Nikolas ein Haargel.
Franka probiert Mamas Parfüm.
Coole Klamotten findet Oskar ganz wichtig.
Leon liebt Jule. Aber liebt Jule auch Leon?

2 Schreibe die Sätze ab. Markiere Subjekt und Prädikat in unterschiedlichen Farben.

Finde eigene Sätze und markiere Subjekt und Prädikat.

Merksatz

Ein Satz hat Subjekt (Satzgegenstand) und Prädikat (Satzkern).
Durch Fragen findet man Subjekt und Prädikat heraus:

	Leon liebt Jule.
Subjekt:	**Wer** liebt Jule? **Leon** liebt Jule.
Prädikat:	**Was tut** Leon? Er **liebt.**
	Der Körper verändert sich.
Subjekt:	**Was** verändert sich? **Der Körper** verändert sich.
Prädikat:	**Was geschieht?** Der Körper **verändert sich.**

67, 172

Jule und Leon

Jule und Leon kennen sich schon lange. Seit einiger Zeit benehmen sich die beiden allerdings sehr merkwürdig. Leon schaut Jule so seltsam an und hört gar nicht mehr auf zu grinsen. Jule zieht sich besonders hübsch an, wenn sie sich verabreden. Sie verbringt Stunden vor dem Spiegel und sprüht sich mit Mamas Parfum ein.
Klarer Fall: Jule und Leon sind verliebt!
Heute treffen sie sich wieder. Es ist kurz vor drei. Jule wartet aufgeregt in ihrem Zimmer ab. Leon klopft an. Jule öffnet die Tür. Es kribbelt und kitzelt. Im Bauch fängt es an. Und als Leon ganz dicht vor ihr steht, breitet sich in ihrem Körper mit einem Mal ein Haufen Flöhe aus.
„Hallo!“, haucht Leon.
„Ha-hallo!“, stammelt auch Jule.
Plötzlich bringt sie keinen Satz mehr heraus.
Denken kann sie auch nicht mehr, aber eines weiß sie plötzlich ganz genau:
„JETZT WIRD ER MICH KÜSSEN!“
Und tatsächlich!
Leon kommt mit seinem Gesicht so nah, dass sich ihre Nasen berühren.

1 Im Text bestehen einige Prädikate aus zwei Teilen.
Finde zu den blauen Verben die Grundform:
schaut an – anschauen, hört auf – ...

aufräumen • hineingehen • abschreiben • wegbringen • auslachen
mithelfen • weglaufen • hinausrennen • einholen • nachdenken

2 Bilde Sätze mit diesen Verben und markiere das geteilte Prädikat.
aufräumen: Leon räumt nicht gern sein Zimmer auf.

Merksatz

Ein Prädikat (Satzkern) kann aus zwei Teilen bestehen:
Jule schaut Leon verliebt an.

Georg liebt Gloria

Georg liebt Gloria:
die Lachgrübchen,
die Sommersprossen,
das Muttermal am Hals,
das widerspenstige Haar,
das Lachen wie Gesang
und das Kichern.

Georg liebt alles an Gloria,
aber Gloria wusste es nicht.

Gloria hasst Georg:

- den dicken Bauch
- die X-Beine
- die Rotznase
- das strähnige Haar
- die hässliche Farbe seiner Kleidung

Gloria hasst alles an Georg,
aber Georg wusste es nicht.

Tormod Haugen

1 Zähle in einem Satz auf, was Gloria an Georg hasst. Setze Kommas.
Gloria hasst an Georg den dicken Bauch, …

Armer Georg __ Er liebt Gloria, aber sie liebt ihn nicht __ Gloria hat nur Augen für Eduard __ Er ist groß __ sportlich __ mutig und einfach toll __ Georg macht Gloria viele schöne Geschenke __ Er pflückt Vergissmeinnicht __ malt große rote Herzen __ schreibt ihr Liebesbriefe und wirft sie in ihren Briefkasten __ Und was ist mit Gloria __ Ahnt sie etwas __ Oh, nein __ Sie denkt, die Geschenke sind von Eduard __ Ob Georg und Gloria wohl doch noch zusammenfinden __

2 Schreibe den Text ab. Setze Punkt, Komma, Fragezeichen und Ausrufezeichen passend ein.

3 Zähle in eigenen Sätzen auf, was du an deinen Freunden magst oder nicht magst. Setze die Satzzeichen richtig.
Oder: Schreibe Sätze über dich.

Merksatz

Zwischen Dingen, die aufgezählt werden, steht ein Komma.
Vor und oder oder steht kein Komma:
Ich mag dein Lächeln, deine Augen und deine lockigen Haare.
Morgen gehen wir ins Kino, auf den Spielplatz oder ins Eiscafé.

69, 183, 187

Coole Outfits

1. Wir benutzen viele englische Wörter im Alltag. Findet oben alle zehn Wörter. Jeder schreibt sie einzeln auf kleine Zettel.

2. Lege die Zettel vor dich. Präge dir die Wörter ein. Drehe alle Zettel um. Schreibe möglichst viele Wörter auswendig auf. Kontrolliere, verbessere und ergänze fehlende Wörter.

3. Sucht weitere englische Wörter zum Oberbegriff Kleidung. Findet heraus, wie sie geschrieben werden.

Zeichne dich mit deinen Lieblingskleidungsstücken und beschrifte die Zeichnung.

Rechtschreibtraining

Tom und Lisa sind Zwillinge. Früher hat Mama ihnen häufig ähnliche Sachen angezogen. So bekam Lisa ein rotes Sweatshirt und Tom ein blaues. Die Jeans, die T-Shirts und die Jacken passten immer gut zusammen. Lisa und Tom haben früher auch viel mehr Zeit miteinander verbracht. Lisa spielte mit Tom und seinen Freunden. Tom spielte mit Lisa und ihren Freundinnen.
Aber wie ist das heute? Beide sind zehn Jahre alt und mögen das nicht mehr. Wie Tom hat Lisa ihren eigenen Geschmack, ihre eigenen Freunde, Hobbys, Vorbilder und Wünsche. Sie möchte nicht immer nur etwas mit ihrem Bruder unternehmen. Und trotzdem mag sie ihn. Vielleicht sogar noch mehr als früher!

Fremdwörter

Auf dem Schulfest veranstalten die Kinder der 4a einen Kleiderflohmarkt. Schuhe, Hosen und  werden für einen guten Zweck verkauft. Piet hat zwei alte  mitgebracht. Sie sind ihm viel zu kurz geworden. Besonders schnell werden Linas  mit dem dazu passenden  verkauft. Luca breitet ein schickes  und ein Paar  auf dem Tisch aus. Der Verkauf ist ein voller Erfolg.

1. Schreibe den Text ab und setze die fehlenden Fremdwörter ein.

Übungswörter

- ähnlich
- das Sweatshirt
- die Jeans
- das T-Shirt
- das Hobby
- der Geschmack
- unternehmen
- vielleicht
- die Shorts
- die Sneaker
- der Pullover

Satzzeichen

für die nächste Woche plant die Klasse 4b einen Ausflug heute müssen die Mädchen und Jungen sich für einen Vorschlag entscheiden zur Auswahl stehen Freizeitpark Museum und Zoo das wird aber schwierig ob die Klasse wohl eine Lösung findet sie stimmen ab Jonas Lena Tom und Silas sind für den Zoo acht Kinder sind für das Museum der Rest der Klasse ist für den Freizeitpark schade Silas hätte so gerne die Löwen gesehen ob er vielleicht seine Eltern überreden kann

2. Schreibe den Text mit Satzzeichen und großen Satzanfängen ab.

Subjekt und Prädikat

Die Lehrerin korrigiert die Mathearbeiten.
Nele und Inga essen im Café ein großes Eis.
Freut Mama sich über Jans Geschenk?
Seiner großen Schwester schickt Tom aus dem Urlaub eine Karte.
In der Buchhandlung entdeckt Fatma ein tolles Lexikon.
Am Nachmittag hilft Tine ihrem Opa bei der Gartenarbeit.

1 Schreibe die Sätze ab.
Markiere Subjekt und Prädikat in unterschiedlichen Farben.

2 Schreibe passende Sätze zum Bild. Markiere Subjekt und Prädikat.

Geteiltes Prädikat

Papa ___ den Kindern abends noch eine Geschichte ___.

Opa ___ Lasse aus dem Urlaub ein neues Buch ___.

Jonas ___ für Mama im Supermarkt ___.

Yannik ___ vor seinem Geburtstag alle Wünsche ___.

Der Anfang des Gedichtes ___ Lena nicht mehr ___.

mitbringen • vorlesen • einfallen • aufschreiben • einkaufen

3 Schreibe die Sätze mit den passenden geteilten Prädikaten ab.
Unterstreiche das geteilte Prädikat:
Papa liest den Kindern abends noch eine Geschichte vor.

Strom überall

D
C
AA
AAA
9V

Vom Kienspan zur Glühlampe

Eine der ältesten künstlichen Lichtquellen war der Kienspan. Das war ein Stück Holz, das mit Baumharz durchtränkt war. Der Name kommt vom Wort „Kienföhre". So wurde früher die Kiefer genannt. Kienholz entsteht durch eine Verletzung der Baumrinde. Der Baum schließt diese Wunde mit Harz. Die Menschen der Steinzeit schnitten das verharzte Holz in Späne, steckten es in Felsritzen und zündeten es an. So hatten sie eine Lichtquelle, die einige Minuten hell leuchtete. Aus dem Kienspan wurde die Fackel. Man umwickelte ein Holzscheit am oberen Ende dick mit Pflanzenfasern und tränkte es mit Harz, Pech oder Teer. Der Wind konnte die Fackel nicht so leicht ausblasen. Man konnte sie mit ins Freie nehmen und die Nacht erhellen.

Öllampen gab es schon vor vielen Tausend Jahren. Als Brennstoff dienten verschiedene pflanzliche und tierische Fette und Öle. Das Öl befand sich in einem getöpferten Gefäß. Es stieg in einem Docht hoch und brannte mit gleichmäßiger und ruhiger Flamme. Das Feuer war gezähmt und reguliert.

Seit etwa 150 Jahren gibt es Petroleumlampen. Sie werden bis zum heutigen Tag hergestellt. Petroleumlampen haben einen Docht, in dem das Petroleum nach oben steigt. Petroleum ist eine brennbare Flüssigkeit, die aus Erdöl gewonnen wird. Man kann den Docht höher oder niedriger drehen und damit mehr oder weniger Licht erzeugen. Ein Glaszylinder wird über die Flamme gestülpt. Er schützt die Flamme und verteilt das Licht gleichmäßig.

Mitte des 19. Jahrhunderts wurde Gas als Brennstoff eingesetzt. Die Karbidlampe hatte unten eine Kammer mit Karbidgestein, darüber war ein Wasserbehälter. Wenn das Wasser auf das Karbid tropfte, bildete sich ein Gas, das durch eine Düse strömte und mit heller Flamme brannte. Einen Docht brauchte man nicht. Karbidlampen hatten einen gekrümmten Spiegel, ähnlich wie unsere Taschenlampen. Er bündelte das Licht zu einem hellen Strahl, der weit leuchtete.
Die Karbidlampen wurden zur Beleuchtung von Höhlen, im Bergbau, als Autoscheinwerfer, Fahrradlampen und Handlaternen genutzt. Für Wohnungen eignete sich das Licht nicht, weil das Gas unsauber verbrannte und übel roch.

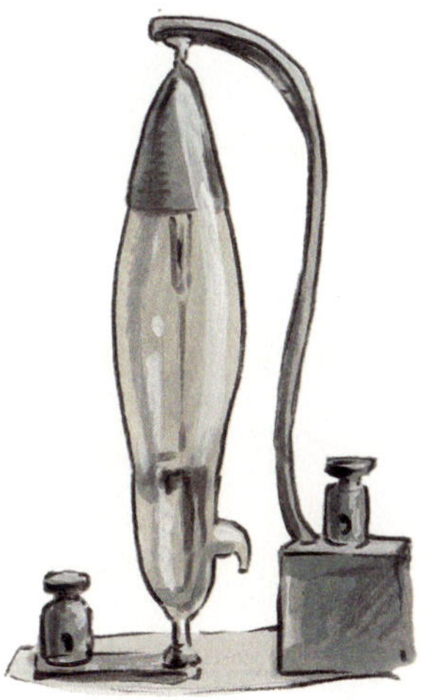

Vor 150 Jahren experimentierten viele Erfinder mit einer Lampe, die aus einem Glühfaden bestand. Durch ihn schickten sie elektrischen Strom. Der dünne Draht glühte hellrot. Aber niemand brachte eine solche Lampe länger als ein paar Sekunden zum Leuchten. Man probierte es mit Glühdrähten aus den verschiedensten Materialien.
Sie brannten jedoch immer wieder schnell durch. Das kam durch den Sauerstoff in der Luft. Darum schloss man den Glühfaden in eine Glaskugel ein und saugte die Luft heraus. Die Idee der Glühlampe war geboren. Die modernen Energiesparlampen oder LEDs verbrauchen weniger Strom als Glühlampen. Sie wandeln fünfmal so viel elektrische Energie in Licht um.

1 Lest den Text und klärt unbekannte Wörter.

2 Finde für jeden Textabschnitt eine passende Überschrift.

Beantworte die Fragen:
- Was hatte der Glaszylinder der Petroleumlampe für eine Wirkung?
- Warum war die Karbidlampe für den Gebrauch in der Wohnung nicht geeignet?

Einen Druckschalter bauen

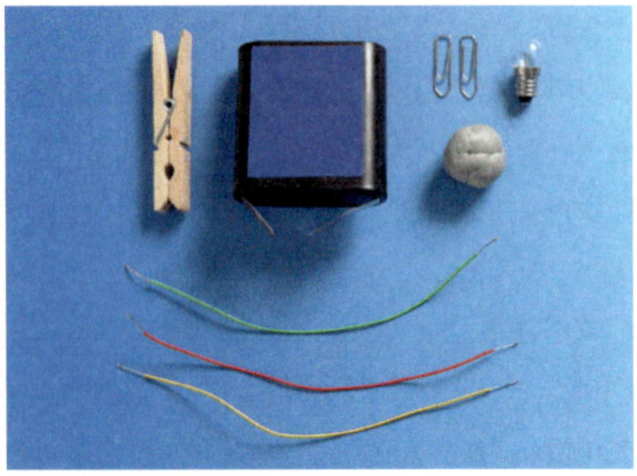

Du brauchst:

- etwas Knete
- 1 Glühlämpchen
- 1 Flachbatterie (4,5 Volt)
- 3 Kabeldrähte mit blanken Enden
- 1 Wäscheklammer
- 2 Büroklammern

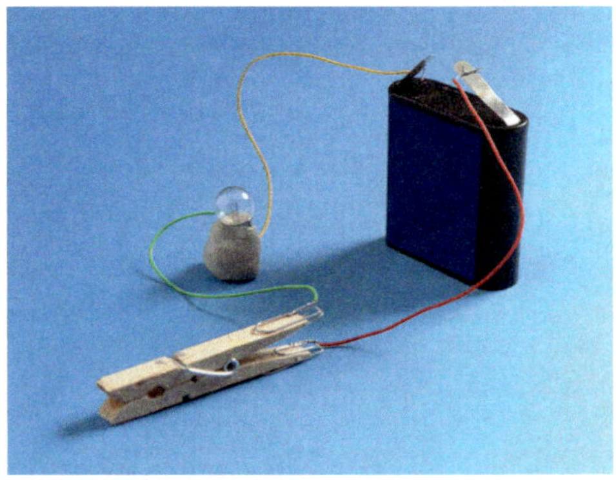

Forme aus der Knete eine Fassung für die Glühlampe. Schiebe eine Büroklammer auf ein Ende der Wäscheklammer. Befestige an der Büroklammer ein Kabel. Das andere Ende des Kabels verbindest du mit einem Pol der Batterie. Schiebe die zweite Büroklammer auf das zweite Ende der Wäscheklammer und befestige an dieser Klammer das zweite Kabel.

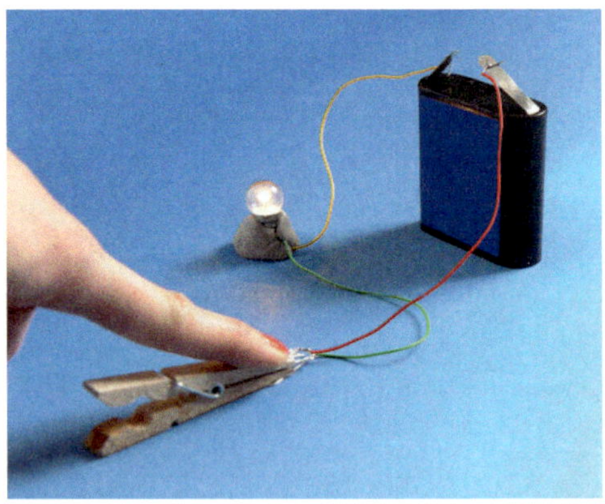

Das Ende dieses Kabels wickelst du um den Metallsockel der Glühlampe. Stecke die Glühlampe jetzt in die Knetfassung. Das dritte Kabel befestigst du am noch freien Pol der Batterie. Das andere Ende des Kabels schiebst du durch die Knete bis unter das Kontaktplättchen der Glühlampe. Wenn du den Schalter richtig gebaut hast, kannst du jetzt durch das Zusammendrücken der Wäscheklammer den Stromkreis schließen und die Glühlampe leuchtet.

1. Lies den Text und stelle die notwendigen Materialien bereit.
2. Baut den Druckschalter.

Bei Licht betrachtet

E In Mathe bin ich keine Leuchte.

Jonas' Mutter hat fest versprochen, mit ihm ins Kino zu gehen. Aber ihr ist etwas dazwischengekommen. Jonas ist wütend. Er knurrt: „ “ **1**

Tim soll heute seinen Vortrag über den Erfinder Thomas Alva Edison halten. Er ist aufgeregt und angespannt. Er seufzt: „ “ **2**

A Dann hat meine Mutter grünes Licht gegeben.

Fatma hat die Matheaufgabe nicht verstanden. Sie bittet Tim um Hilfe und sagt: „ “ **3**

C Jetzt geht mir ein Licht auf!

Lena ruft: „Wo ist mein Rad? Ich hatte es doch hier abgestellt!“ „Bist du sicher?“, fragt Jonas. „Das weiß ich genau! – Ach nein, heute hat mich ja meine Mutter mit dem Auto zur Schule gebracht. Aha, .“ **4**

B Ich bin vor Wut richtig geladen.

D Ich stehe unter Strom.

1. Ordne den Texten die passenden Redewendungen zu.
2. Schreibe eine passende Erklärung für die übrig gebliebene Redewendung.
3. Wählt eine Redewendung. Denkt euch eine Situation aus, die zu der Redewendung passt. Spielt sie der Klasse vor.

Findet Redewendungen mit Licht.

Kurzschluss

Mit einem Cluster könnt ihr Ideen zu einem Thema sammeln.
Bildet dazu eine Gruppe von vier bis sechs Kindern.

Versammelt euch um einen Tisch.

Schreibt das Thema mit einem dicken Stift groß auf ein Plakat.

Kreist das Thema farbig ein.

Reicht den Stift von Kind zu Kind weiter.

Wer den Stift hat, schreibt seine Idee an die passende Stelle, kreist sie ein und verbindet sie mit dem Thema oder einem anderen Wort.

Achtet auf eine große Schrift.

Sprecht nicht dabei.

Wer keine Idee mehr hat, gibt den Stift stumm weiter.

Nach und nach entsteht ein Cluster.

Hängt den fertigen Cluster auf.

Nutzt die gesammelten Ideen für eine Geschichte.

Es müssen nicht alle Einfälle verwendet werden.

79, 159

Strom sparen

Elektrischer Strom ist aus unserem Leben nicht mehr wegzudenken. Er wird zum größten Teil in Kraftwerken aus Kohle, Erdöl und Erdgas erzeugt. Dabei wird Kohlendioxid in die Luft abgegeben. Das belastet die Umwelt. Durch Energiesparen kann jeder Einzelne zum Klimaschutz beitragen und dabei helfen, dass die Vorräte an Öl, Kohle und Gas in der Erde nicht so schnell zu Ende gehen.

1 Lest den Text. Schaut euch die Bilder an. Erzählt von den Möglichkeiten, Strom zu sparen.

2 Schreibe einen Informationstext:
So kann ich Strom sparen

Findet Möglichkeiten, wie ihr in der Schule Strom sparen könnt. Gestaltet ein Plakat.

80, 160

Strom im Haushalt

Herr Jung sortiert die Wäsche und legt sie in die Trommel der Waschmaschine. Er füllt Waschpulver in das Pulverfach. Während die Maschine arbeitet, liest er die Zeitung oder kocht das Mittagessen. Zwei Stunden später hängt er die Wäsche auf.

Früher dauerte das Wäschewaschen zwei Tage. Am Abend sortierte Frau Moritz die schmutzige Wäsche und weichte sie in der Zinkwanne ein. Am nächsten Morgen stand sie früh auf. Sie machte Feuer im Waschküchenofen, stellte den großen Kessel auf und goss Wasser hinein. Sie rührte Kernseife ein und füllte den Kessel mit Wäsche. Die Tischtücher, die Handtücher und das Bettzeug kochten in der Seifenlauge. Die Waschküche war voller Dampf. Mit einem langen Holzstab bewegte Frau Moritz die Wäsche. Danach legte sie die Wäsche zurück in die Zinkwanne. Auf dem Waschbrett rubbelte sie die Flecken heraus. Sie spülte alle Teile mehrmals in klarem Wasser und wrang jedes Wäschestück kräftig aus. Es war Nachmittag, als sie endlich die saubere Wäsche auf die Leine hängte.

1 Lies den Text. In welcher Zeitform stehen die Verben im ersten Absatz? Wie ist es im zweiten Absatz?

2 Trage alle Verben in eine Tabelle ein:

Präsens (heute)	Präteritum (früher)
er sortiert	er sortierte

3 Herr Jung ist fertig mit dem Wäschewaschen. Setze den ersten Abschnitt ins Präteritum.

Thomas Alva Edison

Thomas Alva Edison erzählte: „Mein Team und ich haben viele Experimente zur Verbesserung der Glühlampe gemacht. Das hat uns Tausende von Arbeitsstunden gekostet. Wir haben wirklich alles probiert. Für den Glühfaden habe ich einmal sogar die Barthaare eines Mitarbeiters verwendet. Bei unserem neuesten Versuch haben wir einen verkohlten Baumwollfaden in den luftleeren Glaskolben geschweißt. Die Glühlampe hat vierzig Stunden ununterbrochen geleuchtet. Zwei Nächte lang sind wir deswegen wach geblieben. Wir haben vor Begeisterung laut gebrüllt und sind vor Freude in die Luft gesprungen." Thomas Alva Edison erfand die Glühlampe nicht, aber er machte sie gebrauchsfähig. Er entwickelte Schalter, Lampenschirme, Sicherungen, Stromleitungen und Generatoren. Er richtete rund um seine Werkstatt die erste elektrische Beleuchtungsanlage der Welt ein.

1 Schreibe den farbigen Text ab und markiere alle Verben, die im Perfekt stehen.

entdecken • verbrennen • versuchen • überlegen • erfinden
kommen • prüfen • gelingen • entstehen • verbessern

2 Schreibe die Verben aus dem Kasten im Perfekt und im Präteritum:
er hat entdeckt – er entdeckte, es ist verbrannt – es verbrannte, …

Suche in der Wörterliste zehn Verben.
Schreibe sie im Perfekt und im Präteritum auf.

Merksatz

Wenn wir etwas erzählen, was vergangen ist, benutzen wir oft das Perfekt. Es besteht aus zwei Teilen:
ich habe gemacht, wir sind geblieben.

82, 168

Das Wasserkraftwerk

An Flüssen kann die Wasserkraft zur Stromerzeugung genutzt werden. Weißt du, wie ein Wasserkraftwerk funktioniert? Ein Fluss wird durch eine Staumauer gestaut. Dadurch steigt der Wasserspiegel. Am Fuß der Staumauer befindet sich eine Rohrleitung. Das gestaute Wasser wird mit großem Druck in das Rohr gepresst. Es fließt jetzt schneller. Am Ende des Rohrs ist eine Turbine. Sie ist in der Größe genau an den Durchmesser des Rohrs angepasst. Die Propeller der Turbine drehen sich. Die Turbine ist an einen Generator angeschlossen. Der wandelt die Bewegung in elektrische Energie um.

1 Schreibe aus dem Text die Wörter mit ss und ß heraus. Untersuche die Vokale vor ss und ß. Mache einen Punkt unter einen kurzen Vokal und einen Strich unter einen langen Vokal.

es fließt • du lässt • er weiß • gelassen • Fluss • gewusst
er ließ • Wissenschaft • nachlässig • geflossen • Gewissen
Bewusstsein • flüssig • verlassen • bewusstlos • Floß

2 Sortiere die Wörter nach den drei Wortfamilien: fließen, lassen, wissen. Markiere die Vokale vor ss und ß.

3 Suche Wörter zur Wortfamilie gießen.
Oder: Suche weitere Wörter zu den Wortfamilien aus Aufgabe 2.

Merksatz

In manchen Wortfamilien verwandelt sich ss in ß. Nach einem langen Vokal oder nach einem Doppellaut schreibt man ß, nach einem kurzen Vokal ss:
fließen – Fluss, schließen – schloss.

Elektrische Geräte

Strom wurde zunächst hauptsächlich zur Erzeugung von Licht benutzt. Am Abend waren die Elektrizitätswerke ständig überlastet, während tagsüber wenig Strom benötigt wurde. Das änderte sich schon kurze Zeit später. Für Betriebe und Haushalte wurden elektrische Maschinen entwickelt: Bohrer, Sägen, Mixer, Kaffeemühlen, Rasenmäher erzeugen Bewegung. Andere Geräte liefern Wärme oder Kälte: Elektroherde, Bügeleisen, Toaster, Eierkocher, Kühlschränke. Die Spülmaschine wäscht heute das Geschirr in kurzer Zeit. Früher waren Hausfrau und Dienstmädchen täglich selber damit beschäftigt. Wie die Heinzelmännchen aus dem Märchen machen die elektrischen Helfer das Leben bequem.

1. Lies den Text und schreibe alle Wörter mit ä untereinander auf.
2. Zu welchen Wörtern mit ä könnt ihr ein verwandtes Wort finden? Schreibt so:
   hauptsächlich <–ä–> Hauptsache
   ändern <–a–> anders

3. Die übrigen ä-Wörter aus Aufgabe 2 sind Merkwörter. Schreibt sie als Partnerdiktat und kontrolliert gegenseitig.

Welche elektrischen Maschinen und Geräte benutzt deine Familie?

Rechtschreibtraining

Strom dient uns als fleißiger Helfer. Aber er kann auch gefährlich sein. Der menschliche Körper besteht nämlich zum großen Teil aus Wasser, er leitet den Strom gut. Je nach der Stärke des Stromstoßes kann man bei einem Stromschlag Verbrennungen erleiden oder sogar sterben. Von außen sind elektrische Geräte isoliert, fasse aber nie ins Innere! Spiele nicht an der Steckdose herum! Nimm keinen Föhn, kein Telefon, keinen CD-Player mit an die Badewanne! Lasse in der Nähe von Stromleitungen niemals deinen Drachen steigen! Über die Drachenleine kann der Strom bis zu dir und dann durch deinen Körper in die Erde fließen.

Wörter mit ss und ß

schießen • geschossen • du schießt
er schoss • Geschoss • Schießscheibe

1 Schreibe die Wörter.
Untersuche den Vokal vor ss und ß.
Mache einen Punkt unter einen kurzen Vokal und einen Strich unter einen langen: schießen, …

rei ___ en •
Ri ___ • Rei ___ wolf •
es rei ___ t • geri ___ en
rei ___ end • sie ri ___
Rei ___ verschluss
zerri ___ en
Rei ___ leine

bei ___ en
Gebi ___ • er bei ___ t
er bi ___ • angebi ___ en
Milchgebi ___
gebi ___ en

2 Schreibe die Wörter aus den Kästen vollständig auf.
Markiere kurze und lange Vokale durch Punkte oder Striche.

Übungswörter

fleißig
der Stromstoß
außen
das Gerät
fassen
lassen
fließen
der Lärm
das Märchen
der März
gießen
reißen
schließen
stoßen
wissen
schräg
nämlich
während

Wörter mit ä ohne Ableitung

1 Schreibe die Lösungen untereinander.
Die markierten Buchstaben ergeben ein Lösungswort.

1. dritter Monat im Jahr
2. Pelztier, das Honig liebt
3. Gras schneiden
4. Krach
5. Insekt, das im Mai fliegt
6. Milchprodukt mit Löchern
7. Geschichte mit Prinzen, Hexen, Zauberern
8. halber Anteil
9. immer
10. Samen in die Erde streuen
11. damit schneidet man Bretter

Säge • Märchen • mähen • Hälfte • ständig • März
Lärm • Maikäfer • säen • Käse • Bär

Perfekt und Präteritum

Lena goss selbst Kerzen. Sie sammelte Kerzenreste. Sie schmolz das Wachs im heißen Wasserbad. Als Docht nahm sie eine Baumwollschnur. Am Ende der Schnur befestigte sie eine Schraubenmutter als Gewicht. Das andere Ende knotete sie um einen Bleistift. Lena wählte eine Klopapierrolle als Gießform.

2 Schreibe auf, was Lena erzählt. Verwende dabei das Perfekt:
Lena erzählt: „Ich habe selbst Kerzen gegossen. Ich …

Präsens und Präteritum

A In der Natur (geben) es verschiedene Licht-Erscheinungen.
B Ein Regenbogen (spannen) sich weit über den Himmel.
C Ein greller Blitz (zucken) zackig zur Erde.
D Im Winter (leuchten) das Nordlicht.
E Eine Sternschnuppe (verglühen) am Himmel.
F Das Glühwürmchen (schweben) über die Wiese.

3 Schreibe die Sätze mit der passenden Präsensform.

4 Schreibe die Sätze B–F im Präteritum auf.

Vom Leben der Wale

Urlaub am Meer

Sheila ist mit ihrer Mutter, deren Freund Michael und seiner Tochter Zoe in den Urlaub an die Ostküste von Sardinien gefahren.

Anfangs hatte Sheila gar nicht mitkommen wollen. Doch dann hatte ihre Mutter erwähnt, dass es in der Gegend Delfine gab, und Sheila sofort umgestimmt. Sheila liebte Delfine über alles. Schon als kleines Kind hatte sie sich zu ihnen hingezogen gefühlt.

Sheila sammelte alles, was mit Delfinen zu tun hatte. Sie hatte ein Delfin-Tagebuch gebastelt, in dem sie alle Informationen, Fotos und persönlichen Andenken zusammenstellte, die sie zu diesem Thema finden konnte. Einmal hatte sie mit ihrer Klasse sogar ein Delfinarium besucht. Der Ausflug war zwar interessant gewesen, aber die gefangenen Tiere hatten Sheila auch leidgetan. Es war bestimmt viel schöner, Delfine in Freiheit zu erleben. Bei diesem Gedanken begann Sheilas Herz schneller zu schlagen.

Sheila beschloss, zum Strand zu gehen. Plötzlich entdeckte sie, dass sich draußen auf dem Wasser etwas bewegte. Sie strengte ihre Augen an. Vier oder fünf dunkle Punkte. Waren es Schwimmer? Oder gar Delfine? Vor Anspannung hielt sie die Luft an.

Einer der Punkte entfernte sich von den anderen. Sheila starrte auf die Wellen. Konnte ein Mensch so schnell schwimmen? Dann sah sie einen Schatten aus dem Wasser springen.

Tatsächlich! Es waren Delfine! Jetzt hielt sie nichts mehr am Ufer. Schnell watete sie ins Wasser und schwamm mit kräftigen Zügen los. Die Wellen trugen sie. Nach einer Weile rollte sie sich auf den Rücken und schaute zum Ufer zurück, ganz überrascht, wie weit draußen sie schon war. Doch gerade als Sheila etwas mulmig wurde und sie überlegte, ob sie umkehren sollte, tauchte plötzlich ein Delfin vor ihr auf.

Es war ein großes Tier, ein dunkler Schatten im Wasser, der sie langsam umkreiste. Sheilas Herz schlug vor Aufregung schneller. Ich habe gewusst, dass ich die Delfine ganz aus der Nähe sehen darf, dachte sie glücklich.

Sie entdeckte vier weitere Tümmler in der Nähe, viel größer als sie. Die Delfine schwammen heran und stießen dabei Klicklaute aus. Sheila wusste, dass Delfine ein hervorragendes Echolotsystem hatten und einen fremden Gegenstand – oder auch einen Menschen – regelrecht durchleuchten konnten. So erfuhren sie eine Menge über den anderen. „Ich bin nicht wie ihr“, flüsterte Sheila. „Ich bin ein Menschenmädchen. Aber ich mag Delfine sehr.“ Ob die Delfine spürten, dass sie keine Angst vor ihnen hatte? Vorsichtig drehte sich Sheila im Kreis, eingeschlossen von lauter glänzenden Leibern.

Die Delfine unterhielten sich. Es waren leise, fragende Laute. Sheila hatte den Eindruck, ihre Sprache fast verstehen zu können. Die Laute klangen in ihren Ohren so verschwommen wie Stimmen, die man durch eine Wand hört – sie verstand keine einzelnen Wörter, aber eine Art Satzmelodie.

Schließlich wagte sich ein Delfin vor und rieb seine Brustflosse sanft an Sheilas Arm. Sheila stockte vor Überraschung der Atem. Der Delfin vertraute ihr! Jetzt kamen auch die anderen Tiere näher und nahmen Kontakt auf. Ein Delfin berührte Sheilas Schenkel mit seinem Unterkiefer, tastete ihn vorsichtig ab. Sheila wusste, wie empfindlich der Unterkiefer bei Delfinen war. Sie hatte gelesen, dass er der menschlichen Hand entsprach. Es waren zärtliche Berührungen, neugierig, freundlich.

Marliese Arold

Würdest du dich trauen, mit Delfinen zu schwimmen?

Große und kleine Wale

Es gibt achtzig verschiedene Arten von Walen und Delfinen. Sie leben in allen Meeren. Kleinere Delfine kommen sogar in Flüssen vor. Der größte Wal ist der Blauwal. Er wird so lang wie ein Flugzeug und so schwer wie dreißig Elefanten. Er ist das größte lebende Säugetier auf der Erde. Blauwale sind ganz friedlich. Sie haben keine Zähne und fressen keine Fische.
Ihre Nahrung besteht aus Krill. Das sind kleine Krebse, die im Wasser schweben. Den Krill seihen die Wale mit ihren Barten aus dem Wasser. Barten sind meterlange Fransen aus Horn, die wie ein Vorhang im Maul der Blauwale hängen. Alle Wale mit Barten nennen wir Bartenwale.
Die meisten Wale haben aber ein Gebiss. Man nennt sie deshalb Zahnwale. Ihre Zähne sind dreieckig und spitz. Alle Delfine gehören zu den Zahnwalen. Der größte Zahnwal ist der Pottwal. Er taucht in große Tiefen und man bekommt ihn nur selten zu Gesicht.
Den Schwertwal sieht man viel öfter. Er ist der größte Delfin und wird etwa so lang wie ein Fischerboot. Schwertwale sind gefährliche Räuber. Manche nennen sie auch Mörderwale oder Killerwale. Sie fressen Fische, Pinguine und sogar große Bartenwale. Am liebsten mögen sie Robben und Seelöwen.

Hans-Peter Thiel

1
- Wo leben Wale?
- Wie lang ist der größte Wal?
- Wie heißt der größte Wal?
- Wie heißt der größte Delfin?

2 Beantworte die Fragen und gib die Zeilen der Textstellen an:
- Was fressen Bartenwale?
- Wie heißt der größte Zahnwal?
- Welcher Wal frisst andere Wale?

Welche Wale kennst du noch? Was weißt du schon über sie?

89, 90, 91, 150, 154

Lesekonferenz

In der Lesekonferenz könnt ihr einen Text lesen und gemeinsam über interessante Textstellen oder schwierige Wörter sprechen.
Bildet eine Gruppe von höchstens vier Kindern:

1. Abschnitt: Luca
2. Abschnitt: Eva
3. Abschnitt: ...

Lest den ganzen Text und teilt ihn in Abschnitte ein.

Schwierige Wörter:
seihen, …

Wie heißt das größte lebende Säugetier auf der Erde?
Das ist der Blauwal.
…

Lies deinen Abschnitt leise.

Schreibe schwierige Wörter auf, die du nachher mit den anderen Kindern klären möchtest.

Überlege dir zwei Fragen zu deinem Abschnitt und schreibe sie mit den Antworten auf.

Erzähle den anderen Kindern, wovon der Abschnitt handelt.

Frage die anderen Kinder, was die schwierigen Wörter bedeuten.
Stelle den anderen Kindern deine Fragen.

Wenn keiner deine Frage beantworten kann, schlage in einem Fachbuch nach oder frage deine Lehrerin.

Walfang

Früher wurden Wale in großer Zahl gejagt. Aus ihrer dicken Speckschicht gewann man Öl für Lampen, Margarine und Seife. Die Barten verarbeitete man zu Korsetts (spezielle Unterwäsche für vornehme Damen), Bürsten und Regenschirmen. Wenn ein Walfangschiff in der Ferne die Atemfontänen einer Herde sichtete, wurden rasch kleine Boote zu Wasser gelassen. Sie schwärmten aus, verfolgten die Tiere und beschossen sie, wenn sie zum Atmen auftauchten, mit Harpunen. Aber im Zeitalter der Segelschiffe entkamen auch viele Wale ihren Verfolgern. Und manch ein wütender, verwundeter Gigant griff die Fangboote an und machte Kleinholz aus ihnen.
Doch im Laufe der Zeit wurden immer schnellere Schiffe gebaut und Harpunenkanonen mit Sprengköpfen erfunden. So konnten die Walfänger mehr Tiere töten als jemals zuvor. Die Wale hatten kaum noch eine Chance.
Innerhalb weniger Jahre wurden viele einst weit verbreitete Arten wie die Blauwale und die Nordkaper beinahe ausgerottet. Sie haben sich bis heute noch nicht erholt. In Japan wird das Fleisch von Walen und Delfinen auch heute noch gegessen.
Um die wenigen verbliebenen Wale zu schützen, gilt seit 1986 ein Walfangverbot. Aber es gibt Länder, die sich nicht daran halten. Sie töten heute Tausende von Walen pro Jahr, angeblich zu wissenschaftlichen Zwecken. Allerdings dürfen die Inuit und einige Indianerstämme weiterhin Wale jagen, um ihre Traditionen fortzuführen.

Sylvia Englart

1. Lest den Text und klärt unbekannte Begriffe.
   Warum wurden früher Wale gejagt (Zeile 1–7)? Warum heute (Zeile 34–39)?
2. Warum gibt es seit 1986 ein Walfangverbot?
   Findet Argumente für das Walfangverbot. **Oder:** Findet Argumente für den Walfang.
   Diskutiert mit euren Argumenten über den Walfang.
3. Welche Meinung zum Walfang hast du? Begründe.

92, 153

Hilfe! Schwertwale!

1. Wie könnte der Comic weitergehen?
2. Zeichne und schreibe den Comic zu Ende. Schreibe in gut lesbarer Handschrift.

Zeichne und schreibe einen eigenen Wal-Comic.

93

Narwale

Steckbrief

Name:	Narwal („Einhorn des Meeres"), gehört zu den Zahnwalen
Größe:	bis zu 5 m lang
Aussehen:	weißer bis brauner Körper mit grauen und braunen Hautflecken, keine Rückenfinne, dafür mehrere flache Höcker
Alter:	bis zu 40 Jahre
Lebensraum:	Polarmeer (Arktis)
Nahrung:	Tintenfische, Krabben, Garnelen und Fische
Natürliche Feinde:	Schwertwale und Eisbären
Besonderheiten:	beim Männchen – spiralig gewundener, bis zu 3 m langer Stoßzahn aus Elfenbein; vom Aussterben bedroht

1 Lest den Steckbrief und klärt unbekannte Begriffe.

2 Schreibe mit allen Stichwörtern einen Sachtext über Narwale.
Bilde vollständige Sätze im Präsens.
Mache nach jedem Sinnabschnitt einen Absatz:
Der Narwal
Der Narwal wird auch „Einhorn des Meeres" genannt. Er …

3 Lest euch eure Texte gegenseitig vor.
Sind alle Informationen aus dem Steckbrief enthalten?

94, 160, 161

Verschiedene Wale

Meeresdelfine
Delfine sind die kleinsten Mitglieder der Walfamilie. Sie bevölkern alle Meere. Oft sieht man sie, wenn sie Schiffe begleiten oder übermütig in die Luft springen. Sie tauchen nur kurz und kommen alle paar Minuten zum Atmen wieder an die Oberfläche.
Große Tümmler, eine der häufigsten Delfinarten, können ungefähr 15 Minuten unter Wasser bleiben.

Großer Tümmler
Vorkommen: Gemäßigte und tropische Meere weltweit. Meist in Küstennähe.
Besonderheiten: Lebt in kleinen Gruppen. Sehr verspielt und neugierig.

Sam rutschte die Düne hinunter und lief über den harten Sand des Küstenstreifens. Die Augen hielt er fest auf den Wal gerichtet, um ganz sicher zu sein. Ein großer ist es nicht, dachte er im Laufen. Vielleicht ein Leitfisch?
Staunend blieb er neben dem Wal stehen. Der Schwanz und die kleine Rückenflosse, das sah aus wie bei einem Delfin. Der schräg abgeflachte Kopf sah aus wie bei einem Haifisch.

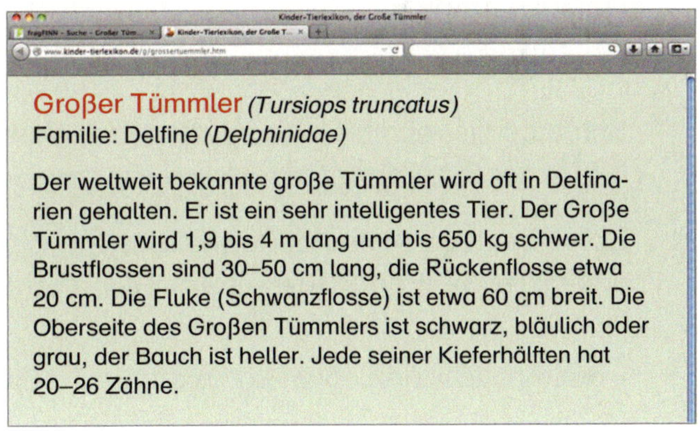
Großer Tümmler *(Tursiops truncatus)*
Familie: Delfine *(Delphinidae)*

Der weltweit bekannte große Tümmler wird oft in Delfinarien gehalten. Er ist ein sehr intelligentes Tier. Der Große Tümmler wird 1,9 bis 4 m lang und bis 650 kg schwer. Die Brustflossen sind 30–50 cm lang, die Rückenflosse etwa 20 cm. Die Fluke (Schwanzflosse) ist etwa 60 cm breit. Die Oberseite des Großen Tümmlers ist schwarz, bläulich oder grau, der Bauch ist heller. Jede seiner Kieferhälften hat 20–26 Zähne.

1. Welche Medien sind hier abgebildet?
2. Du sollst einen Steckbrief über einen Wal schreiben. Welche Medien nutzt du dafür? Begründe deine Auswahl.
3. Schreibe einen Steckbrief über einen Wal. Nutze dazu geeignete Medien.
   Stellt euch eure Steckbriefe gegenseitig vor.

Pottwale – Meister im Tauchen

Pottwale müssen zum Fressen ihrer Nahrung in große Meerestiefen abtauchen. Deshalb können sie bis zu 90 Minuten die Luft anhalten. Durch ihr Maul können Pottwale nicht einatmen. Aber sie können über der Wasseroberfläche Luft durch ihr Nasenloch oder Blasloch aufnehmen. Direkt vor dem Abtauchen werden die Tiere kräftig ausatmen. Nun bleibt nur noch sehr wenig Luft in den Lungen.

Pottwale halten deshalb den enormen Wasserdruck in großer Tiefe aus und werden nicht zerquetscht. Nach langen Tauchgängen brauchen sie so dringend Luft, dass sie wie Raketen aus dem Meer schießen und mit einem gewaltigen „Platsch" wieder ins Wasser fallen.
Pottwale ernähren sich von Tintenfischen, Kraken und Fischen. Sie greifen sogar 20 Meter lange Riesenkalmare an. Die Kalmare wehren die Pottwale mit einer Tintenwolke ab. Manchmal können sie ihren Räubern dann entkommen.

1. Schreibe die rot markierten Verben mit Wortbausteinen in der Grundform und in der Sie-Form: abtauchen – sie tauchen ab, anhalten – …

2. Schreibe die blau markierten Verben mit Wortbausteinen in der Grundform und in der Sie-Form: aushalten – sie halten aus, zerquetschen – …

halten • tauchen • passen • nehmen • reißen • stoßen

3. Finde zu den Verben zwei verschiedene Wortbausteine. Schreibe sinnvolle Sätze: Pottwale halten die Luft an. Sie halten den Wasserdruck aus. …

Merksatz

Wortbausteine können getrennt vom Verb stehen:
angreifen – sie greifen an, abwehren – sie wehren ab.

Blauwalbabys

Ein Blauwalweibchen ist trächtig. Das Blauwalbaby wird etwa ein Jahr lang im Bauch seiner Mutter heranwachsen. Mit dem Schwanz voran wird das Junge auf die Welt kommen. Das Neugeborene eines Blauwals wird dann 7 Meter lang sein. Und es wird schon mehr als ein Elefant wiegen!

Sofort nach der Geburt wird das Blauwalbaby an der Wasseroberfläche auftauchen. Dort wird das Kalb Luft holen. Nach dem ersten Atemzug wird das Neugeborene an den Zitzen der Mutter trinken. Dabei wird die Blauwalmutter helfen. Sie wird ihrem Kalb die Milch ins Maul spritzen. In den nächsten Monaten wird das Blauwaljunge immer dicht neben seiner Mutter schwimmen. In der Nähe der Mutter wird sich das Blauwalbaby wohlfühlen.

1 Schreibe die markierten Verben in der Zeitform Futur (Zukunft) heraus und ergänze die Grundform:
es wird heranwachsen – heranwachsen, …

2 Schreibe die Verben in der Zeitform Futur (Zukunft) aus dem zweiten Abschnitt heraus:
es wird auftauchen – auftauchen, …

saugen • helfen • tauchen • trinken • springen

Wähle drei Verben. Schreibe alle Personalformen im Futur (Zukunft):
saugen – ich werde saugen, du wirst …

Merksatz

Verben in der Zeitform Futur drücken aus, was in der Zukunft sein wird:

ich werde schwimmen	**wir werden schwimmen**
du wirst schwimmen	**ihr werdet schwimmen**
er/sie/es wird schwimmen	**sie werden schwimmen**

96, 167

Wanderungen der Wale

Wale sind fast immer in Bewegung: Entweder sind sie auf der Suche nach Nahrung oder auf dem Weg zu Halteplätzen. Einige Wale wandern nur zu bestimmten Jahreszeiten, andere verlassen ungünstige Gebiete und suchen nahrungsreichere auf. Manche wollen sich nur in einem kleinen Revier aufhalten, andere unternehmen haltlos lange und gefährliche Reisen durch die größten Meere der Welt.
Am weitesten wandern die großen Wale. Viele Monate reisen sie ohne Mühe zwischen Nahrungsgründen und Kinderstube hin und her. Normalerweise ziehen die Wale im Sommer zum Pol.

Hier können sie anhalten und in diesen nahrungsreichen Gewässern viel fressen. Im Winter schwimmen sie zurück in die warmen, ruhigen Gewässer der Tropen. Hier bringen sie ihre Jungen zur Welt, die es in dem warmen Wasser gut aushalten können.

(1) Suche alle Wörter mit dem Wortstamm halt heraus.
Markiere in jedem Wort den Wortstamm: halt: Halteplätze, …

Kälte • frisst • verließen • erkalten • gefressen • verlässt • kaltblütig • Fressnapf
Lässigkeit • Vielfraß • Erkältung • gelassen • fraßen • lässig • am kältesten

(2) Ordne die Wörter im Kasten nach ihren Wortfamilien:
kalt: Kälte, …
fress: …
lass: …

(3) Findet zehn Wörter zu jeder Wortfamilie: mess, ess und reiß.

97, 179

Ein Wal-Windspiel herstellen

Sophie und Finn stellen am Dienstag ein Windspiel her. Dazu benötigen die Kinder sieben dünne Fäden, eine Nadel, weißen Karton, Buntstifte, Schere und drei 20 Zentimeter lange Drahtstücke.

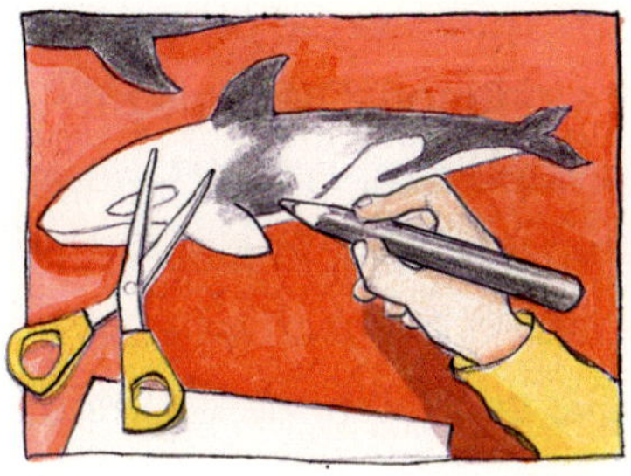

V_r Wale zeichnen, anmalen und ausschneiden.

Mit einer sp_tzen Nadel Löcher in die Wale stechen. Fäden daran festb_nden.

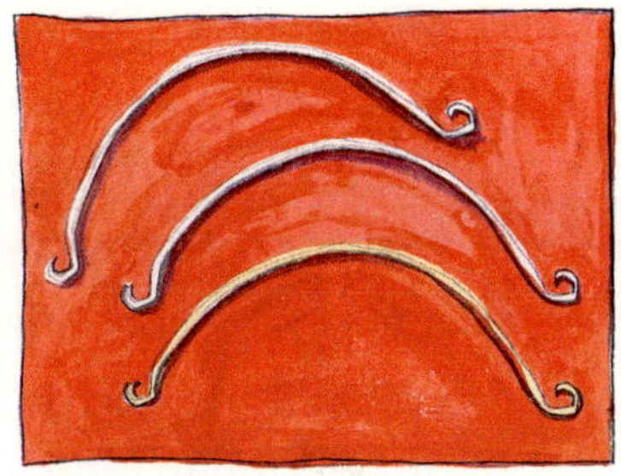

Drahtstücke zu drei Bögen b_gen.

Schw_rig! Fäden der Wale an d_ Enden von zwei Drahtstücken knoten.

Drahtstücke mit Fäden verb_nden. Schon b_st du am Z_l!

1. Schreibe die orangen Wörter ab. Setze einen Punkt unter jedes kurze i und einen Strich unter jedes lange ie.

2. Sprich dir die grünen Wörter vor. Schreibe sie ab und setze richtig ein: ie oder i. Fünf Wörter haben ein ie.

3. Suche mindestens fünf Wörter mit ie und i aus der Wörterliste. Schreibe Sätze damit. **Oder:** Diktiert euch Wörter mit ie und i aus der Wörterliste.

Baue das Wal-Windspiel nach.

Merksatz

Ein lang gesprochenes i wird fast immer ie geschrieben: **biegen, Ziel.**

Rechtschreibtraining

Die Kinder der 4b informieren sich über Wale: Wale sind Säugetiere, die sich im Wasser aufhalten. Wie andere Säugetiere saugen Walkälber nach der Geburt Muttermilch. Da Wale unter Wasser nicht atmen können, müssen sie dazu auftauchen. An der Wasseroberfläche können sie Luft einatmen. Die meisten Wale leben in großen Gruppen zusammen. Eine Walgruppe nennt man Schule. Die zum Teil riesigen Wale kommen in allen Weltmeeren vor. Hier, in diesen traumhaften Lebensräumen, macht eine Vielzahl von Walen ziemlich gewaltige Luftsprünge. Einige Wale verlassen ihren Halteplatz. Sie suchen andere Gebiete auf, die ihnen mehr Nahrung bieten. Pottwale greifen sogar riesige Tintenfische an. Zum Fressen tauchen sie deshalb in gefährliche Meerestiefen ab.

Wörter mit ie und i

Pap_rflieger • fr_ren • H_mmel • D_nstag • Sp_nne
einr_chten • h_nsetzen • Sp_l • S_b • z_mlich • h_r
w_ld • n_mand • fl_ßen • ausprob_ren • d_ser

(1) Sprich dir die Wörter vor und schreibe sie auf.

Verben mit Wortbausteinen

schneiden • stören • sagen • schenken
kommen • stehen • brechen • fliegen
kaufen • hören • richten • sägen

(2) Finde passende Wortbausteine zu den Verben.
Lege eine Tabelle an:

ein-	ent-	auf-	zer-	hin-
einschneiden	…	…	…	…

(3) Schreibe mit mindestens fünf Verben sinnvolle Sätze.

Übungswörter

informieren
aufhalten
die Muttermilch
auftauchen
einatmen
riesig
vorkommen
hier
die Vielzahl
ziemlich
gewaltige
verlassen
aufsuchen
das Gebiet
bieten
angreifen
der Tintenfisch
abtauchen

Futur

Sophie geht am Nachmittag zu ihrem Freund Alexander. Die Sonne scheint. Die Kinder gehen nach draußen. Sie fahren Inline-Skates. Das macht Spaß. Es ist aber sehr anstrengend! Nach einer halben Stunde haben sie Hunger und Durst. Sie brauchen eine Pause. Am Kiosk kaufen die Freunde ein großes Eis. Lecker!

1. Suche drei Verben aus dem Text. Schreibe alle Personalformen in der Zeitform Zukunft:
   gehen – ich werde gehen, du wirst …

2. Schreibe den Text ab und setze dabei die Verben in die Zeitform Futur.

Wortfamilien

räumlich • gefährlich • Träume • räumen • Gefahr • Fahrrad
traumhaft • einräumen • aufräumen • Busfahrer
Raum • Raumplan • fahren • fährt • träumen
Traum • Räume • gefahren • verträumt • wegräumen

3. Ordne die Wörter nach ihren Wortfamilien. Markiere den Wortstamm:
   fahren: fährt, …
   träumen: …
   räumen: …

4. Schreibe weitere Wörter der Wortfamilie fahren auf.

Schneller, weiter, höher

Familienausflug

Umleitung
P
STOP
30

Agathe auf großer Fahrt

Die Sonne knallte vom Himmel runter, es war superheiß und das totale Gewimmel auf dem Bahnsteig. Überall rannten aufgeregte Kinder durch die Gegend und Mami stand zwischen anderen Mamis und heulte vor lauter Abschied, als ob sie mich jahrelang nicht wiedersehen würde. Dabei sollte die Klassenfahrt doch nur eine Woche dauern.

Dann kam der Zug. Frau Weide rannte wie eine Verrückte hin und her, damit bloß niemand vergessen wurde, und sie zupfte an ihrer Kette herum. Mami drückte mich ganz fest und heulte immer noch. Aber das hörte ich kaum noch, weil ich schon halb im Zug drin war. Ich wollte nämlich unbedingt mit Richard und Behruz und Uli und Susanne und Christiane in einem Abteil sitzen.

Es war ein mordsmäßiges Geschiebe und Geschubse in dem Zugwaggon und von irgendwo rief die Stimme von Frau Weide, Kinder, macht doch nicht so ein Durcheinander!

Uli quetschte sich von hinten durch den engen Gang. Er sah aus, als hätte er zugenommen, weil sein Bauch noch dicker war als sonst.

Wir schmissen alle unsere Taschen und Rucksäcke in das Abteil und dann stellten wir uns an das Fenster und winkten unseren Eltern zu, als draußen der Schaffner pfiff und der Zug langsam losrollte.

Es war ein klasse Abteil. Wir verstauten unser Zeug in den Gepäcknetzen und dann zogen wir die Sitze nach vorne raus. Susanne hatte ganz viele Mickymausheftchen mitgenommen, die sie an uns verteilte, und wir machten es uns so richtig gemütlich. Plötzlich kreischte Christiane los. Ulis Bauch bewegte sich nämlich. Etwas krabbelte unter seinem Hemd herum.

In diesem Moment schob sich die Abteiltür auf und Frau Weide guckte rein. Na, ihr Kinder, sagte sie, vertragt ihr euch auch schön? Uli legte ganz schnell die Hände über seinen Bauch.

Frau Weide zupfte an ihrer Kette und sagte, so, so, äh, und dass sie uns nur mitteilen wollte, dass wir in drei Stunden ankommen würden, und bis dahin sollten wir uns benehmen und die Finger von der Notbremse lassen, ha, ha, zupf, zupf. Susanne sagte, alles klar, und schielte dabei auf Ulis Bauch. Frau Weide machte die Abteiltür wieder zu.

Fünf Sekunden war es ganz still. Dann brüllten wir durcheinander und wollten von Uli wissen, was er da unter seinem Hemd versteckt hatte. Das, sagte Uli und zog dabei sein Hemd hoch, ist Agathe!

Was da auf Ulis Speckbauch saß und mit komischen kurzen Beinchen strampelte, war eine Schildkröte. Wir waren total platt. Eine echte Schildkröte, flüsterte Christiane. Das gibt Ärger, sagte Behruz. Wenn die Weide Agathe sieht, dann kommt sie garantiert in die Suppe.

Andreas Steinhöfel

Nickels größter Wunsch

Nickels größter Wunsch ist ein eigenes Fahrrad. Er weiß genau, wie es aussehen soll. In der Schublade seines Schreibtisches sammelt er verschiedene Fahrradbilder. Zu seinem Geburtstag soll er endlich ein Fahrrad bekommen. Doch dann muss sich die Familie ein neues Auto kaufen. Es bleibt kein Geld mehr für Nickels Fahrradwunsch. Nickel ist traurig und enttäuscht. Plötzlich entdeckt er vor dem Supermarkt ein Fahrrad.

Das Rad ist rot mit silbernen Speichen und silberner Lampe. Es steht einfach da und ist nicht abgeschlossen. Nickel starrt es an. Wie jemand ein so wunderbares Rad nicht abschließen kann. Nickel merkt, wie sein Gesicht ganz heiß wird. Er schaut sich um. Kein Mensch ist zu sehen. Er schiebt mit dem Fuß die Pedale am Rad zurecht, steigt auf und fährt. Das Rad schwankt. Nach zwei, drei Metern wackelt es so sehr, dass Nickel abspringen muss. Er versteht das nicht. Dann versucht er es noch einmal. Diesmal geht es schon ein bisschen länger, aber abspringen muss er trotzdem. Hinter sich hört er ein Bellen. Ein alter Mann mit einem kleinen Hund nähert sich. Nickel schiebt das Rad zur Seite und zieht die Schultern hoch. Der Hund kläfft und springt an ihm hoch. Nickel bleibt stocksteif stehen. „Du wirst doch wohl keine Angst vor so einem Hundchen haben“, sagt der Mann und zerrt an der Leine. Dabei schaut er Nickel an und verzieht das Gesicht, als würde er lachen. Aber das ist kein Lachen, Nickel kann es genau sehen. Der Mann grinst so hämisch, als wüsste er alles über Nickel und das rote Fahrrad.

Nickel wartet, bis der Mann und der Hund hinter der Biegung verschwunden sind. Dann übt er weiter. Schließlich ist Nickel so müde vom vielen Üben, dass er nur noch schnaufen und zittern kann. Aber immerhin schafft er schon ein ganz schönes Stück.
Nickel schaut sich um. Prüfend betrachtet er einen schönen, dichten Busch. Schwitzend und keuchend zerrt er das Rad die Böschung hinauf. Diesmal hat er vor lauter Anstrengung Wackelpuddingknie. Oder ist es doch Angst? Er denkt an den Mann mit dem Hund und schaut den Weg hinunter. Niemand. Nickel schiebt das Rad quer zum Hang hinter das Gebüsch und legt es dort ins Gras. Nichts ist vom Rad zu sehen, nicht das kleinste bisschen Silber. Nickel legt sich auf den Rücken und lässt sich von der Sonne den Bauch bescheinen. Er ist müde. Er fühlt sich unbehaglich.

Mirjam Pressler

1. Lest die Geschichte. Wie erfüllt sich Nickel seinen größten Wunsch?
2. Könnt ihr Nickels Handlung verstehen? Begründet.
   Warum bekommt Nickel Angst? Begründet.
3. Was würdet ihr an Nickels Stelle nun mit dem Fahrrad tun?

Wie könnte die Geschichte weitergehen?

Schulwege

1. Sprecht über die Aussagen der Kinder.
   Welche Begründungen findet ihr sinnvoll? Welche nicht?
2. Wie kommt ihr zur Schule? Führt in der Klasse ein Gespräch darüber.
   Tauscht euch aus und begründet eure Aussagen.
3. Wie ist die Verkehrssituation vor Schulbeginn an eurer Schule?
   Beschreibt typische Situationen. **Oder:** Macht Fotos davon.

Witze rund um den Verkehr

Ein Mann rennt völlig außer Atem zum Bootssteg, wirft seinen Koffer auf das drei Meter entfernte Boot, springt hinterher, zieht sich mit letzter Kraft über die Reling und schnauft erleichtert: „Geschafft!"
Einer der Seeleute: „Gar nicht so schlecht, aber warum haben Sie eigentlich nicht gewartet, bis wir anlegen?"

Im Bus sitzt ein Junge mit einer Schnupfennase.
Feiner Herr neben ihm: „Sag mal, hast du denn gar kein Taschentuch, Junge?"
Junge: „Schon, aber ich verleihe es nicht."

Die Stewardess verteilt im Flugzeug Kaugummi. „Das ist gut für die Ohren."
Älterer Herr nach einigen Stunden: „Können Sie mir mal sagen, wie man das Zeug wieder aus den Ohren herausbekommt?"

Schild in der U-Bahn-Station: „Auf der Rolltreppe müssen Hunde getragen werden!"
Passant: „Und wo bekomme ich jetzt auf die Schnelle einen Hund her?"

Karl: „Würden Sie mir bitte eine neue Klingel anbringen?"
Fahrrad-Mechaniker: „Gern! Aber die Bremsen sind auch nicht in Ordnung."
Karl: „Weiß ich. Deshalb brauche ich ja die neue Klingel!"

1. Lest die Witze. Welcher Witz gefällt euch am besten?
2. Lernt den Witz auswendig. Spielt den Witz.
Besorgt euch passende Gegenstände oder Verkleidungsstücke und malt Schilder.
3. Spielt den Witz vor. Sprecht dabei laut und deutlich.
Achtet darauf, dass ihr dem Publikum nicht den Rücken zuwendet.

Sammelt weitere Witze.

Zusammenstoß mit dem Auto

1. Die Polizistin muss einen Unfallbericht schreiben.
Dazu hat sie sich Stichpunkte notiert. Welche sind das? ⟶ **Tipp**

2. Schreibe mit Hilfe der Stichpunkte einen Unfallbericht.
Schreibe im Präteritum (Vergangenheit).

Tipp

Überschrift	Unfall in der Leopoldstraße
Wann?	Mittwoch, 5. Mai, 15.10 Uhr
Wo?	Fahrradweg Leopoldstraße
Wer?	Beteiligte: Wilfried Meyer, Linus Schmidt
	Zeugen: Mia Pauli, Hannes Schoppe
Was?	Kind mit Fahrrad fährt gegen Auto

107, 108, 162

Rätsel im Schilderwald

Mein Verkehrszeichen ist ein Gefahrenzeichen. Es bedeutet, dass man aufmerksam sein muss, weil eine Baustelle kommt.

Mein Verkehrszeichen ist ein Verbotszeichen. Es bedeutet, dass man von dieser Seite aus nicht in die Straße hineinfahren darf.

Mein Verkehrszeichen ist ein Vorschriftszeichen. Es schreibt vor, dass man anderen Vorfahrt gewähren muss.

1 Schau dir die Verkehrszeichen an. Löse die Rätsel.
Schreibe ein eigenes Rätsel zum Stopp-Schild.

2 Schreibe auch zu den anderen Verkehrszeichen Rätsel.
Oder: Überlege dir Rätsel zu weiteren Verkehrszeichen.

Überall auf der Welt gibt es Verkehrszeichen.
Was könnten diese Verkehrszeichen bedeuten? Schreibe es auf.

Unterwegs

Das Flugzeug startet.
Zum Starten hebt es vom Boden ab.

Ich fahre gern mit dem Fahrrad.
Das Fahren mit dem Rad macht Spaß.

Die Schulkinder lachen im Bus.
Das Lachen hört man überall.

Im Zug lese ich gerne.
Zum Lesen brauche ich Licht.

Der Kapitän steuert das Schiff.
Beim Steuern steht er am Ruder.

Lisa rennt zur Schule.
Beim Rennen strengt sie sich an.

1 Schreibe die Satzpaare ab. Markiere im ersten Satz das Verb.
Markiere im zweiten Satz das Nomen, das aus diesem Verb entsteht.

KLAPPERN • FLIEGEN • RÜTTELN • EINLADEN
WARTEN • FLIEGEN • STARTEN • ANSCHNALLEN

Früher war das ___ ein Abenteuer. Heute ist das ___ einfacher. Die Flugzeuge waren schon einmal unpünktlich und das ___ auf ein Flugzeug nicht selten. Für das ___ des Gepäcks musste man selber sorgen. Zum ___ diente ein einfacher Gurt. Das ___ und das ___ während des Starts waren stets normal.

2 Schreibe die Sätze ab und setze die Wörter sinnvoll in die Lücken ein.

Richtig oder falsch?
Nomen und Verben unterscheiden sich nicht.
Aus einem Verb kann ein Nomen werden.
Ich entscheide selbst, ob ich ein Verb groß- oder kleinschreibe.

Schreibe die richtige Aussage ab.

Merksatz

Aus Verben werden **Nomen,** wenn man **das, zum** oder **beim** vor ein Verb setzt.
Nomen werden großgeschrieben.
Ich fahre Rad. Das Fahren macht Spaß.
Zum Fahren trage ich einen Helm. Beim Fahren muss ich aufpassen.

Das verkehrssichere Fahrrad

Der Polizist kontrolliert die Fahrräder.

Der Stift des Polizisten schreibt nicht.

Tim gibt dem Polizisten einen neuen Stift.

Die Lehrerin fragt den Polizisten:
„Sind alle Fahrräder verkehrssicher?“

1 Schreibe zu den Sätzen Fragen und beantworte sie:
Wer oder was kontrolliert die Fahrräder? Der Polizist.
Wessen …? …
Wem …? …
Wen oder was …? …

Die Kinder freuen sich. Fast alle Fahrräder sind verkehrssicher. Bei Simon muss die Lampe repariert werden und Lisa hat ihren Helm vergessen. Nur wenn das Fahrrad verkehrssicher ist, dürfen die Kinder mit dem Fahrrad fahren. Die Klasse wartet auf den Polizisten. Alle stehen vor dem Schulhaus. Die Geduld der Kinder ist bald zu Ende. Endlich kommt er und verteilt die Fahrradpässe.

2 Frage nach den markierten Wörtern. Schreibe die Fragen und Antworten auf:
Wer freut sich? Die Kinder.
…

Merksatz

Das Nomen kann im Satz in vier Fällen vorkommen:

Wer-Fall (Nominativ):	der Polizist
Wessen-Fall (Genitiv):	des Polizisten
Wem-Fall (Dativ):	dem Polizisten
Wen-Fall (Akkusativ):	den Polizisten

110, 169, 170

Fehler finden

Wenn du einen Text mit dem Computer geschrieben hast, kannst du ihn mit der Rechtschreibhilfe des Computers überprüfen.

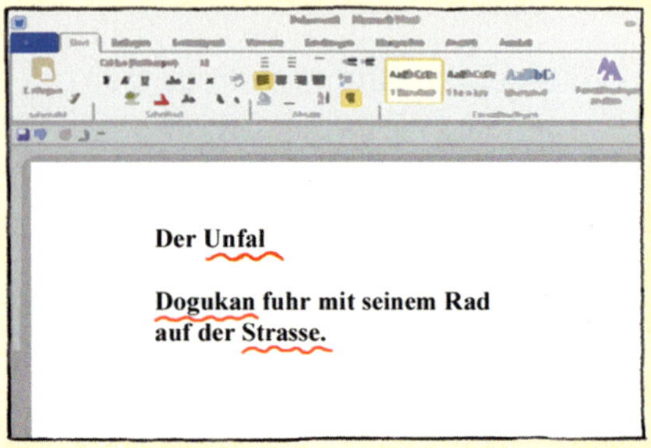

Falsch geschriebene Wörter und Wörter, die der Computer nicht kennt, markiert er rot.

Schau dir das Wort noch einmal an. Wenn du den Fehler selbst findest, berichtige ihn. Das Wort ist dann nicht mehr markiert.

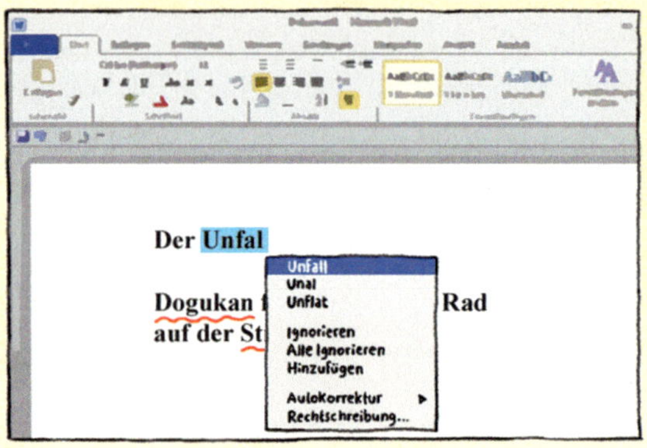

Wenn du den Fehler nicht findest, gehe mit dem Cursor auf das markierte Wort. Drücke die rechte Maustaste.

Der Computer zeigt dir einen oder mehrere Vorschläge. Ist dein Wort dabei?

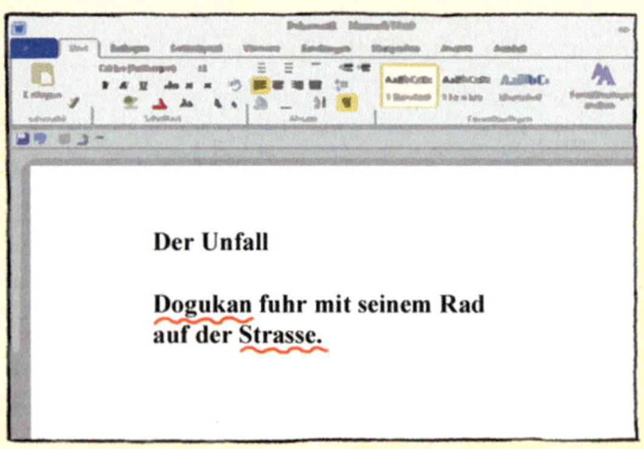

Klicke mit der Maus auf das richtige Wort.

Der Computer verbessert das Wort im Text.

Aus fernen Ländern

1 Lies die Container-Aufschriften laut. Schreibe die Wörter mit lang klingendem i auf. Diese Wörter musst du dir merken. Sie werden nur mit i geschrieben.

Vampir • Kino • Video • Pilot • Tiger • Krokodil • Igel • Gardine
Liter • Kabine • Bibel • Sirene • Nilpferd • Ventil

2 Lege eine Tabelle an. Schreibe die Wörter aus dem Kasten in eine Tabelle:

Einzahl	Mehrzahl
der Vampir	die Vampire

3 Bilde mit den Merkwörtern Sätze.

Lass dir die Wörter von einem Partnerkind diktieren.

Rechtschreibtraining

Jeden Tag bewegen wir uns fort. Sobald wir das Haus verlassen, sind wir zu Fuß, mit dem Fahrrad, dem Auto oder mit den öffentlichen Verkehrsmitteln wie Bus und Bahn unterwegs. Die meisten Menschen fahren mit dem Auto zur Arbeit. Auf Reisen benutzen viele das Auto oder das Flugzeug, um schnell von einem Ort zum anderen zu kommen. Dabei werden unzählige Liter Benzin und Kerosin verbraucht. Lebensmittel und andere Güter sind täglich zu uns auf dem Weg. Sie werden mit dem Lkw, der Eisenbahn, dem Schiff oder dem Flugzeug transportiert. Dadurch gibt es Waren aus aller Welt bei uns zu kaufen. Früchte wie Mandarinen, Apfelsinen oder Rosinen haben oft eine lange Reise hinter sich, wenn sie im Hafen in großen Containern bei uns ankommen.

Wörter mit langem i

Mandar • Law • Kab • Kant • Apfels • Lenk
Sard • Gard • Ros • Masch • Margar

1. Bilde Wörter, die mit -ine aufhören: die Mandarine, …
Ein Wortanfang passt nicht.

Del- • Fa- • Li- • Mu- • Ti- • Vam- • Nil- • Ki- • Pi-
ger • ter • fin • lot • no • sik • brik • pferd • pir

2. Löse das Silbenrätsel.

Übungswörter

unzählige
der Liter
das Benzin
das Kerosin
die Mandarinen
die Apfelsinen
die Rosinen

Texte korrigieren

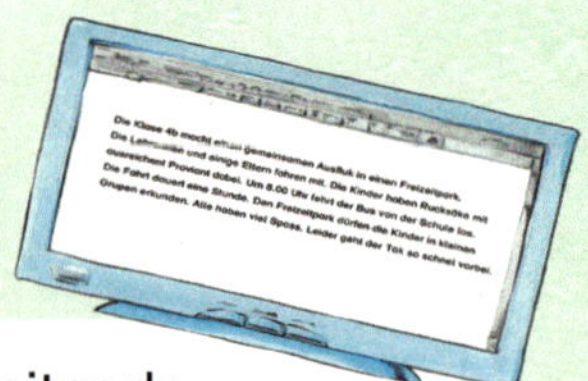

Die Klase 4b macht einen gemeinsamen Ausfluk in einen Freizeitpark. Die Lehrerinen und einige Eltern fahren mit. Die Kinder haben Rucksäke mit ausreichent Proviant dabei. Um 8.00 Uhr fehrt der Bus von der Schule los. Die Fahrt dauert eine Stunde. Den Freizeitpark dürfen die Kinder in kleinen Grupen erkunden. Alle haben viel Spass. Leider geht der Tak so schnel vorbei.

3. Der Computer hat im Text zehn Fehler markiert. Schreibe den Text ohne Fehler ab.

Aus Verben werden Nomen

Moritz rennt schnell.
Beim _____ trägt er Turnschuhe.

Tim und Mia schwimmen gerne.
In den Ferien fahren sie zum _____ an einen See.

Ich male sehr gut.
Ich habe das _____ von meiner Schwester gelernt.

Matti knobelt gerne.
Beim _____ konzentriert er sich.

Lara klettert gut. Samstags fährt sie zum _____.

Tilla reitet am Mittwoch.
Das _____ macht ihr Spaß.

REITEN • KLETTERN • RENNEN
SCHWIMMEN • KNOBELN • MALEN

1 Schreibe die Sätze ab und setze die Wörter sinnvoll in die Lücken ein.

Die Fälle des Nomens

Die Kinder schmieden Pläne für die Zukunft.
Der Schreiner hobelt das Brett.
Der Maler holt den Kollegen.
Peter gibt dem Straßenmusikanten Geld.
Jan erzählt dem Lehrer einen Witz.
Die neuen Turnschuhe des Mädchens sind toll.
Frank will mit Tieren arbeiten.
Die Brille des Hausmeisters ist kaputt.

2 Frage nach den markierten Wörtern.
Schreibe die Fragen und Antworten:
Wer schmiedet Pläne? Die Kinder.

Eine Zeitung entsteht

Wer?
Was?
Wo?
Wie?
Wann?
Warum?

Tageszeitungen

In Deutschland gibt es viele verschiedene Tageszeitungen. An jeder Ausgabe wird vom frühen Morgen bis spät in die Nacht gearbeitet. Fotoreporter schießen Fotos bei besonderen Veranstaltungen. Redakteure schreiben ihre Artikel. Die Texte und Fotos schicken sie an die Redaktion. Dort wird entschieden, welche Artikel und welche Fotos in der nächsten Ausgabe der Zeitung stehen werden. Sie sind nach Rubriken geordnet: Politik, Wirtschaft, Kultur, Regionales, Sport, Wetter, Anzeigen und Rätsel. Besonders wichtig ist die Titelseite. Hier stehen die Neuigkeiten des Tages. Anschließend werden in der Layout-Abteilung Fotos, Schlagzeilen und Artikel auf den Zeitungsseiten angeordnet. Manchmal müssen einige Artikel etwas gekürzt oder Fotos verkleinert oder vergrößert werden, damit eine Zeitungsseite genau gefüllt ist.
Mitten in der Nacht beginnt das Drucken einer Tageszeitung. Dazu werden große Mengen Papier und Farbe verbraucht. Das Papier läuft von riesigen Rollen in eine Druckmaschine. Am anderen Ende kommt die fertige Zeitung heraus.
In den frühen Morgenstunden bringen Lieferwagen die Zeitungen aus der Druckerei zu den Zeitungsausträgern, die sie in die Briefkästen der Leser werfen. Außerdem kann man sie am Kiosk oder in Supermärkten kaufen.

1 Lest den Text und klärt schwierige Wörter.
In welchen Zeilen erfahrt ihr etwas über
- die Themen in einer Zeitung?
- das Drucken einer Zeitung?
- die Arbeit der Layout-Abteilung?

2 Welche Zeitungen kennt ihr? Bringt sie mit und vergleicht.

3 Welche Artikel interessieren dich besonders? Begründe.

Aufbau eines Zeitungsartikels

Vorspann — Schlagzeile — Unterzeile

Besichtigung einer Druckerei

Druckerei Madsack öffnet Kindern einer Grundschule ihre Pforten.

Hannover (cb). **Die Kinder der Arbeitsgemeinschaft „Schulzeitung" der Mauritius-Grundschule Hildesheim besichtigen die Druckerei Madsack in Hannover, die außer anderen Zeitungen auch die älteste Tageszeitung Deutschlands, die Hildesheimer Allgemeine Zeitung, druckt.**
Sehr beeindruckt sind die Mädchen und Jungen aus den dritten und vierten Klassen von den zwölf Meter hohen Druck- und Sortiermaschinen, die über drei Etagen reichen.
Drei computergesteuerte Plattenstraßen stellen täglich bis zu 3.000 Druckplatten her, die nach dem Druck zur Herstellung von Alurädern in der Automobil-Industrie recycelt werden. Die Rollenoffsetdruck-Maschinen bedrucken Papierrollen in den Farben Gelb, Blau, Rot und Schwarz. Die Kinder staunen über die Schnelligkeit des Druckens von zwölf Metern pro Sekunde, denn sie können die einzelnen Artikel und Fotos nicht mehr erkennen. Die farbig bedruckten Papierrollen werden anschließend vollautomatisch auf die Zeitungsgröße geschnitten und gefaltet. Nach der Sortierung der einzelnen Seiten werden die Zeitungen gestapelt, in Folie verpackt und in Lastwagen verladen.
In einer Nacht entstehen so 48.000 Exemplare dieser Tageszeitung, die im Laufe des Abends immer wieder auf Grund aktueller Nachrichten aktualisiert wird.
Die Kinder erfahren viel Neues und wollen in Zukunft noch häufiger in der HAZ lesen.

Zweispalter — Fließtext

1. Wo erfahrt ihr,
   - dass eine Druckerei besichtigt wird?
   - dass Grundschulkinder die Druckerei Madsack besichtigen?
   - dass die Hildesheimer Allgemeine Zeitung die älteste Tageszeitung in Deutschland ist?
   - dass die Tageszeitung auf Grund aktueller Nachrichten aktualisiert wird?
2. Wie ist ein Zeitungsartikel aufgebaut? Erklärt – die blauen Wörter helfen euch.
3. Welche Informationen sind besonders interessant? Begründet.

Bringt Zeitungen mit. Untersucht den Aufbau verschiedener Artikel.

Die Zeitungsmacher

Bei der Bernhardiner Allgemeinen, kurz BAZ genannt, fängt jeder Tag mit einer Redaktionssitzung an.

„So, es ist 8.30 Uhr, Zeit für die Redaktionssitzung! Die Zeitung von heute ist klasse“, sagt der Chefredakteur Schnauzer zufrieden. „Aber morgen wird sie noch besser! Was haben wir denn da alles auf der Liste? Also: Staatsbesuch von Leo XX., König von Savannaland. Er wird von den Bürgern der Stadt am Palast des Präsidenten begrüßt. Das ist was für die Titelseite. Und Schnappschuss macht uns ein schönes Foto davon!“

„Ich schreibe einen Artikel über den Tanzpalast“, sagt Ali Gator, der politische Redakteur. Schnauzer macht sich Notizen auf einem Block.

„An der Börse ist heute die Dachrinne runtergefallen. Darüber schreibe ich“, berichtet die Wirtschaftsredakteurin Patrizia Pudel.

Boxer, der Sportredakteur, merkt an: „Ich will ein Interview mit dem Rennfahrer Nikki Rottweiler machen und der Wissenschaftsredakteur Eberhard Keiler erwartet interessanten Besuch.“

„Und was ist mit P. F. Spinnes Kolumne? Schreibt er diesmal was über Kreuzworträtsel?“, fragt Schnauzer.

Die Themenliste ist fertig und jetzt geht es an die Arbeit. Schnappschuss hat heute alle Hände voll zu tun. Die anderen Fotoreporter haben die Grippe und er muss ganz allein für alle Fotos sorgen. Wie soll er das bloß schaffen?

Mauri Kunnas

1. Welche Figuren kommen im Text vor? Welche Aufgaben haben sie bei der Zeitung?

2. Lest den Text mit verteilten Rollen und einem Erzähler vor. Besprecht: Wodurch wirkt der Text lustig?

3. Spielt die Redaktionssitzung. Übt sie mehrmals mit passenden Gegenständen und Handbewegungen, bis ihr zufrieden seid.

Spielt eure Redaktionssitzung anderen Kindern vor.

Redaktionssitzung in der Klasse

1 Was haben die Kinder vor?

2 Plant eine Klassenzeitung für eure Klasse:
- Erstellt eine Themenliste: Worüber wollt ihr berichten?
- Verteilt die Aufgaben: Wer macht was?
- Legt einen Abgabetermin fest: Wann sollen die Artikel und Fotos fertig sein?

Bericht für die Klassenzeitung

OLYMPIADE

Am letzten Mittwoch fand die Olympiade an unserer Schule statt. Alle Klassen nahmen daran teil. Auf dem Sportplatz hatten die Lehrer mit den Eltern Stationen aufgebaut. Das waren: Dosenstelzenlauf, Froschhüpfen, Ringzielwurf, Hindernislauf, Rückwärtsdreisprung und Sockenschleuderball.

An jeder Station konnten drei, sechs oder sogar neun Punkte erreicht werden. Die Klasse eines Jahrganges mit den meisten Punkten im Durchschnitt wurde Sieger. Die Klassen 1b, 2c, 3a, 4b erreichten jeweils den ersten Platz.

Danach konnten alle in der Sporthalle an Gerätestationen klettern oder Rollbrett fahren. Auf dem Sportplatz wurde Fußball, Brennball oder Völkerball gespielt. Schade, dass wir aus den vierten Klassen im nächsten Jahr nicht mehr dabei sein werden. Alisa O., 4b

1 Lies den Bericht über die Olympiade.

2 Schaut euch den Tipp-Kasten an. Prüft, ob der Bericht den Regeln entspricht. ⟶ **Tipp**

3 Schreibe einen Bericht für die Klassenzeitung. Finde eine Überschrift.

4 Überarbeite deinen Artikel in einer Schreibkonferenz.

Mache ein passendes Foto. **Oder:** Zeichne dazu.

Tipp

- Ein Bericht handelt von einem Ereignis, das tatsächlich passiert ist.
- Die Überschrift sollte auf das Ereignis hinweisen.
- Schreibe im Präteritum (Vergangenheit).
- Denke an die W-Fragen: wann, wo, wer, was, warum …
- Schildere den Ablauf in der richtigen zeitlichen Reihenfolge.
- Schreibe kurz, sachlich und ohne wörtliche Rede.
- Beende deinen Bericht mit einem abschließenden Satz.

122, 123, 153, 164

Mein Bericht am PC

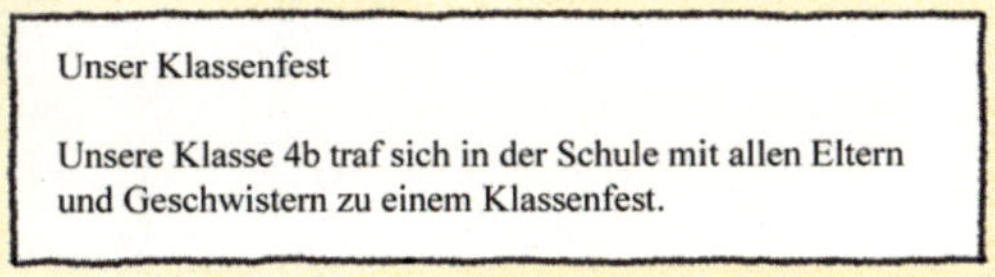

Öffne das Schreibprogramm am PC. Gib der Datei einen Namen und speichere sie.

Tippe deinen Bericht fehlerfrei.

Speichere deinen Text zwischendurch ab.

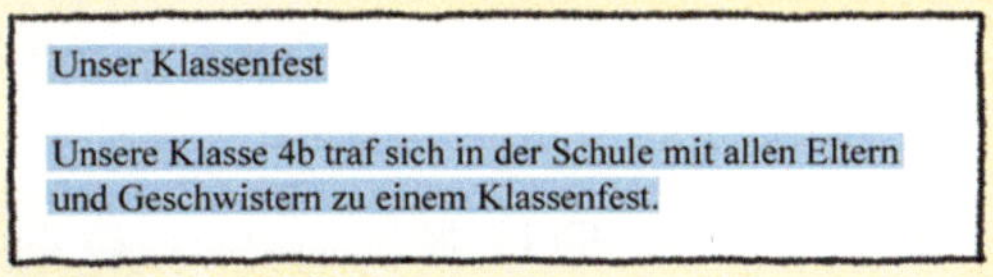

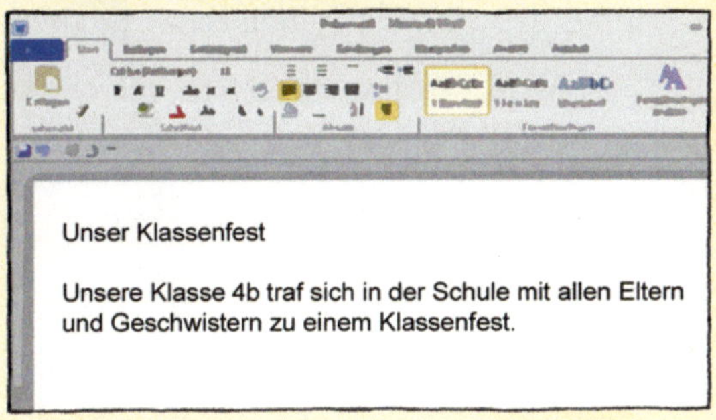

Du kannst das Aussehen deines Textes ändern.
Markiere so:
Du klickst mit der linken Maustaste an den Anfang deines Textes und ziehst mit der gedrückten Maustaste bis zum Ende.

Wähle nun aus:

– die Schriftart Arial ▾
– die Schriftgröße 12 ▾

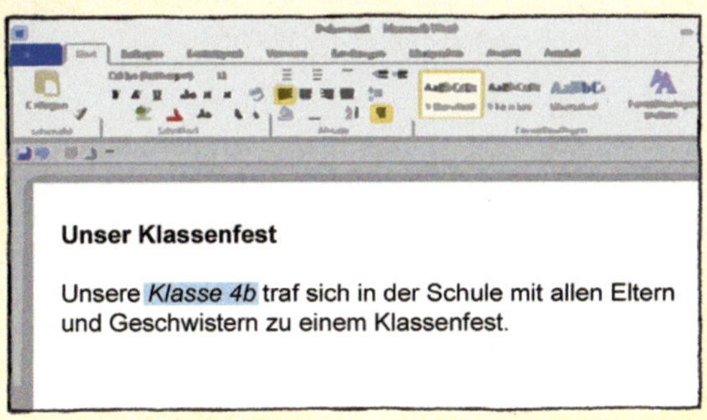

Du kannst Teile deines Textes hervorheben.
Markiere z. B. deine Überschrift (Schlagzeile).
Wähle dann aus:
– die Schriftart Arial ▾
– die Schriftgröße 12 ▾
– normal oder **fett** **F**
– normal oder *kursiv* *K*

Speichere deinen Text.
Drucke ihn aus.

Als Reporter unterwegs

Das meinen wir!
Die Grundschulzeit der 4a wird bald zu Ende sein. Den meisten Kindern gefielen diese ersten Schuljahre sehr. Besonders die Klassenfahrt nach Spiekeroog blieb allen in sehr guter Erinnerung. …

1. Wodurch unterscheiden sich Interview und Artikel?
2. Schreibe diesen Artikel zu Ende.
   Oder: Schreibe einen Artikel über deine eigene Grundschulzeit.

Zeichne dazu ein passendes Bild.

Rätsel für die Klassenzeitung

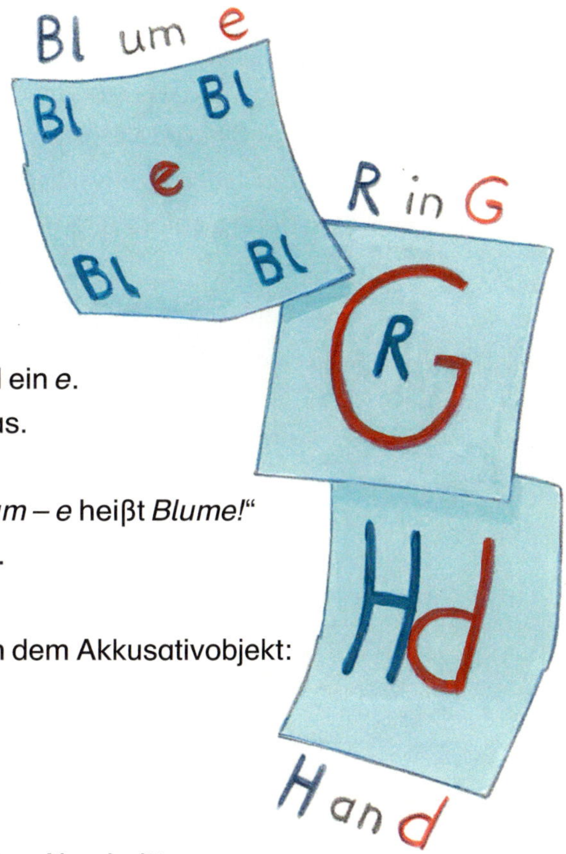

Laura ruft Tim zum Gruppentisch.
Tim bringt Fatma mit.
Die Kinder denken sich ein Rätsel aus.
Sie nehmen Papier und Stifte.

Die Kinder sammeln Wörter mit *um*.
Zuerst schreiben sie *Blume*.
Sie lassen *um* weg. Laura notiert mehrere *Bl* und ein *e*.
Das Mädchen zeigt ihr Rätsel ihrem Freund Jonas.
Jonas ruft seinen Freund Max.
Die Jungen lösen gemeinsam das Rätsel: „*Bl – um – e* heißt *Blume!*“
Dann überlegen sich die Freunde weitere Rätsel.

1 Frage in jedem Satz des ersten Abschnittes nach dem Akkusativobjekt:
Wen ruft Laura? …
Wen …
Was denken sich die Kinder aus? …
Was …

2 Finde mindestens vier Akkusativobjekte im zweiten Abschnitt.
Schreibe wie in Aufgabe 1.

holen • rufen • öffnen • lesen • besuchen • essen
hören • nehmen • ausschneiden • einladen

3 Denke dir fünf Sätze mit einem Akkusativobjekt aus und markiere es.
Verwende Verben aus dem Kasten.

Denke dir ein Rätsel aus. *Um, in, an, am, unter, hinter, über* helfen dir.

Merksatz

Das Akkusativobjekt (Ergänzung im 4. Fall) ist ein Satzglied im Wen-Fall.
Nach diesem Objekt fragt man mit Wen? oder Was?.
Wen sieht Laura? **Tim.** **Was** schreiben die Kinder? **Eine Liste.**

Auf die Schlagzeile kommt es an!

Meike und Markus bereiten die nächste Redaktionssitzung vor.
„Die Artikel für unsere Klassenzeitung sind gut geworden“, meint Markus.
„Aber manche Schlagzeilen sind zu lang!“, ruft Meike.
„Was sind denn Schlagzeilen?“, fragt Markus nach.

Die Überschrift eines Zeitungsartikels nennt man Schlagzeile , beantwortet Meike seine Frage. Die Schlagzeile fällt durch die großen und fett gedruckten Buchstaben auf meint sie. Oft entscheidet die Schlagzeile, ob jemand einen Artikel lesen möchte oder nicht erklärt Meike weiter.
Ach so ruft Markus.
Wir sollten bei jedem Artikel genau überlegen, ob die Schlagzeile interessant ist und zum Weiterlesen anregt oder nicht überlegt Meike.
Gut, wollen wir uns die Schlagzeilen unserer Artikel in der nächsten Redaktionssitzung noch einmal genauer anschauen fragt Markus.

1. Schreibe den ersten Abschnitt ab.
   Markiere die Satzzeichen und die Redezeichen in verschiedenen Farben.

2. Schreibe den zweiten Abschnitt ab.
   Setze passende Satzzeichen und die Redezeichen ein.

Innerhalb der wörtlichen Rede lässt man bei einem Aussagesatz den Punkt weg. Das ? und ! setzt man aber.

Merksatz

Der nachgestellte Begleitsatz steht nach der wörtlichen Rede.
„Bald ist die nächste Redaktionssitzung“, meint Meike.
„ **wörtliche Rede** “, **Begleitsatz** .
„Wann treffen wir uns?“, fragt Markus.
„ **wörtliche Rede** “, **Begleitsatz** .
„In der zweiten Stunde!“, ruft Meike.
„ **wörtliche Rede** “, **Begleitsatz** .

125, 184

Fertig!

1 Erstelle diese Kärtchen. Schiebe den Begleitsatz zwischen die wörtliche Rede. Lege alle Satzzeichen an die richtige Stelle.

„Das finde ich auch, auch wenn es viel Arbeit war“, meint Jonas.
„Am besten gefällt mir der Artikel über das Klassenfest, den Sophie geschrieben hat“, findet Anika.
„Du hast recht, der ist Sophie richtig gut gelungen“, stimmt Luis zu.
„Tims Foto passt super dazu, ein wirklich toller Schnappschuss von Laura“, ergänzt Anika.
„Unsere Klassenzeitung werde ich aufheben, dann kann ich sie mir später immer wieder ansehen“, sagt Jonas.

2 Baue diese Sätze um und schiebe den Begleitsatz ein. Achte auf die Satzzeichen.
„Das finde ich auch“, meint Jonas, „auch wenn …“
Oder: Erstelle Kärtchen wie in Aufgabe 1. Bilde Sätze und klebe sie auf ein Blatt.

Merksatz

Der eingeschobene Begleitsatz teilt die wörtliche Rede.
Vor und nach dem Begleitsatz stehen Kommas:
„Ich finde“, sagt Anika, „dass unsere Klassenzeitung gut geworden ist!“
„wörtliche Rede“, Begleitsatz, „wörtliche Rede!“

126

Rechtschreibtraining

Die Klasse 4a schreibt eine Klassenzeitung über ihre Grundschulzeit. Manche Kinder sind als Reporter unterwegs. Sie befragen ihre Mitschüler: „Was hat euch am besten gefallen?"
„Unsere Klassenfahrt!", sagen die meisten. Redakteure schreiben Artikel über Klassenfeste, Ausflüge oder das Sportfest. Andere zeichnen Bilder. Zwei Schüler entwerfen ein schwieriges Kreuzworträtsel.
Sie bringen alles zur Redaktionssitzung mit. Anika und Jonas arbeiten am Layout. „Eine Zeitungsseite richtig zu gestalten", sagen die beiden, „ist ganz schön schwer!" Die Kinder verkleinern oder vergrößern einige Texte und Bilder. Dann werden alle Seiten gedruckt und gebunden. Am Ende ist eine interessante Klassenzeitung entstanden, in der alle gern lesen.

Zeichensetzung beim nachgestellten Begleitsatz

Tamira, Anika und Tim spielen in der großen Pause Fußball. Nach Anikas hohem Schuss fliegt der Ball über den Zaun auf die Straße.

So, und was machen wir jetzt fragt Tim ärgerlich.
Los, renn hinterher fordert Tamira ihn auf.
Wir dürfen das Schulgelände nicht verlassen und holen lieber Frau Otte meint Anika.

Übungswörter

die Klassenzeitung
der Reporter
die Klassenfahrt
der Redakteur
der Artikel
das Kreuzworträtsel
die Redaktionssitzung
das Layout
drucken
interessant

1 Schreibe die Sätze ab. Setze die richtigen Zeichen.
Markiere die wörtliche Rede und die Begleitsätze in verschiedenen Farben.

Zeichensetzung beim eingeschobenen Begleitsatz

„Spielen wir Fußball oder lieber Tischtennis?“
„In den Ferien fahren wir zu unserer Oma.“
„Heute Mittag gibt es bei uns zu Hause Pizza.“
„Heute können wir ins Schwimmbad gehen.“

1 Füge in jede wörtliche Rede einen eingeschobenen Begleitsatz ein:
„Spielen wir in der Pause Fußball“, fragt Hanna, „oder lieber Tischtennis?“

Gesprochene und geschriebene Sprache

2 Schreibe das Gespräch zwischen Timo und Jana als Geschichte.

Akkusativobjekt

Torben trifft seinen Freund Patrick auf der Skaterbahn. Schon bald sehen sie Jessica. Sie sucht ihren Hund Rex. Die Jungen ziehen ihre Inliner aus. Sie holen ihre Rucksäcke und helfen bei der Suche. Plötzlich entdecken sie den Hund im Gebüsch. Er trägt einen großen Stock im Maul. Freudig begrüßt das Tier die Kinder.

3 Frage in jedem Satz nach dem Akkusativobjekt. Schreibe Fragen und Antworten auf:
Wen oder was … ?

Europa

Ein Wunsch ist frei

Es war einmal ein herzensguter, junger Mann namens Korentin, der in einem Dorf in der Bretagne* lebte. Die Natur hatte ihn recht stiefmütterlich behandelt, denn er trug einen großen Buckel durchs Leben. Aber jedermann mochte ihn gern, denn er war immer fröhlich und unbekümmert und außerdem verstand er es ganz wunderbar, mit seiner Geige zum Tanz aufzuspielen.

Als er einst, das Instrument unter dem Arm, von einer Hochzeit heimkehrte, führte ihn der Weg durch die einsame Heide, wo die Korrigans, die bretonischen Wichtelmänner, wohnten. Es war gerade Mitternacht, da umringte ihn eine Menge von diesen kleinen Geistern und rief fröhlich: „Du musst uns mit deiner Fidel zum Tanz aufspielen! Machst du es gut, so sollst du reich belohnt werden!“

Korentin tat ihnen gern den Gefallen und spielte die ganze Nacht hindurch, während die Zwerge in fröhlichem Gewimmel um ihn herumtanzten. Erst als im Osten der Morgen langsam graute, hörten sie auf.
„Was willst du als Belohnung?“, fragten sie ihn freundlich. „Geld oder Schönheit?“
„Ich will kein Geld“, sagte der Geiger, „aber wenn ihr mich von meinem Buckel befreien würdet, wäre ich der glücklichste Mensch unter Gottes Sonne.“

Ehe Korentin sich's versah, kletterte einer der Korrigans an ihm empor, klopfte ihm auf den Rücken – und der Buckel war verschwunden. Überglücklich kehrte Korentin heim.

* Landschaft im Norden von Frankreich

Vor seinem Haus traf er seinen Nachbarn, den Schuster. „Nanu!“, rief dieser. „Wo hast du denn deinen Buckel gelassen? Ich glaube fast, du hast deine Seele dem Teufel verschrieben!“ „Nein, nein“, erwiderte Korentin entsetzt, „hör mir zu!“

Und dann erzählte er sein seltsames Abenteuer dem Schuster, der wegen seiner großen Geldgier im ganzen Dorf bekannt war. „Wie kann man nur so dumm sein, das Geld auszuschlagen“, rief dieser. „Ich werde klüger sein!“

Gleich in der nächsten Nacht ging er mit seiner Geige hinaus auf die Heide. Wirklich erschienen ihm um Mitternacht die Korrigans und baten ihn zu spielen. Er spielte die ganze lange Nacht hindurch bis zum Morgengrauen.

„Du kannst wählen“, sagten sie danach zu ihm. „Willst du Geld oder Schönheit?“ Der Schuster fürchtete seine Habsucht zu verraten, wenn er den Wunsch deutlich ausspräche. Deshalb sagte er ganz bescheiden: „Gebt mir, was mein Nachbar Korentin nicht haben wollte!“

Die Zwerge erfüllten seinen Wunsch aufs Wort. Als der Schuster seinem Dorf zustrebte, trug er auf dem Rücken – einen Buckel.

Märchen aus Frankreich

Aus vielen Ländern in Europa gibt es Märchen. Sammelt sie.

Länder in Europa

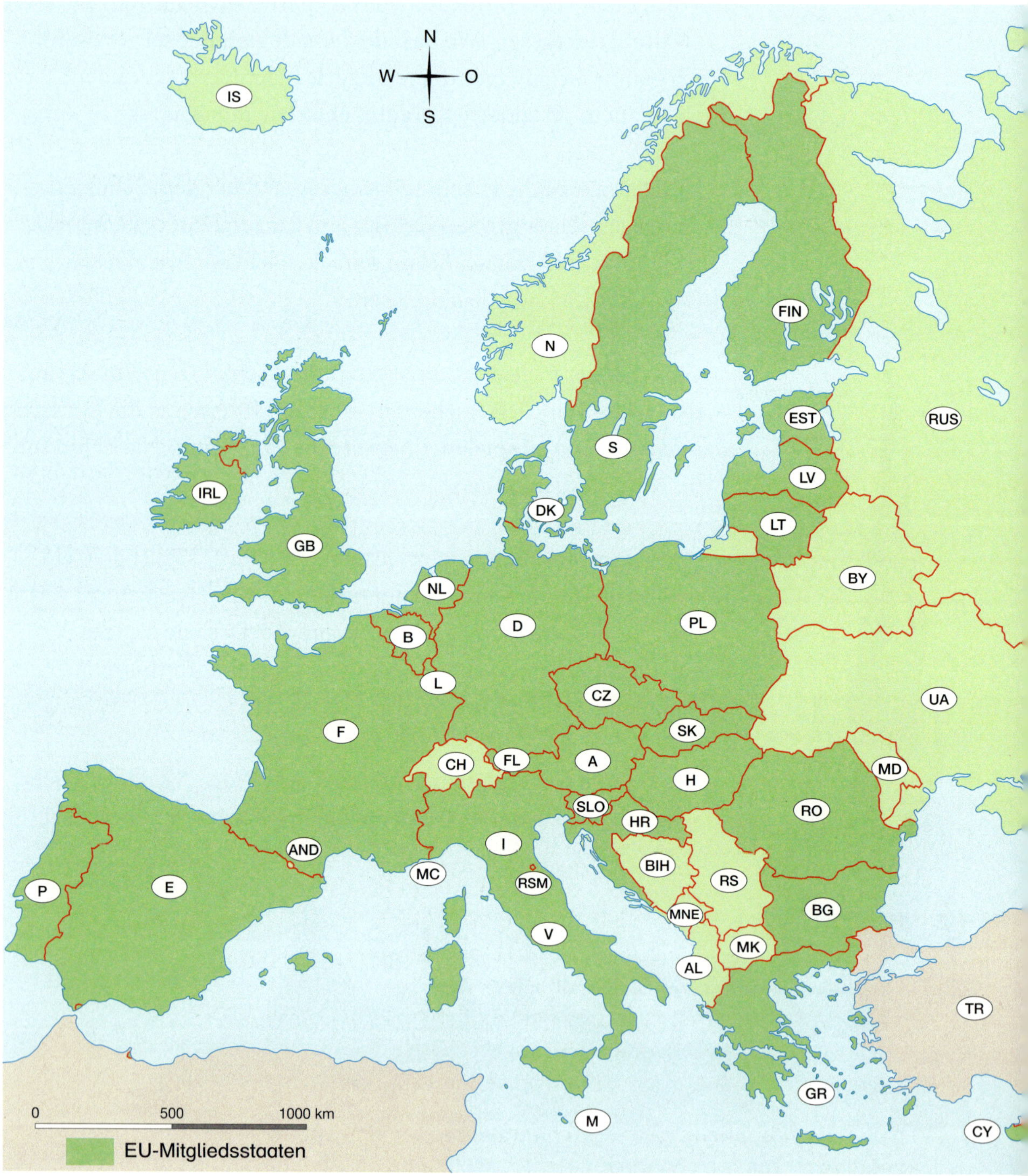

131, 132

AL	Albanien
AND	Andorra
B	Belgien
BIH	Bosnien-Herzegowina
BG	Bulgarien
DK	Dänemark
D	Deutschland
EST	Estland
FIN	Finnland
F	Frankreich
GR	Griechenland
GB	Großbritannien
IRL	Irland
IS	Island
I	Italien
HR	Kroatien
LV	Lettland
FL	Liechtenstein
LT	Litauen
L	Luxemburg
M	Malta
MK	Mazedonien
MD	Moldawien
MC	Monaco
MNE	Montenegro
NL	Niederlande
N	Norwegen
A	Österreich
PL	Polen
P	Portugal
RO	Rumänien
RUS	Russland
RSM	San Marino
S	Schweden
CH	Schweiz
RS	Serbien
SK	Slowakei
SLO	Slowenien
E	Spanien
CZ	Tschechien
TR	Türkei
UA	Ukraine
H	Ungarn
V	Vatikanstadt
BY	Weißrussland
CY	Zypern

EUROPA: Europa ist als Landfläche mit knapp zehn Millionen Quadratkilometern der zweitkleinste Kontinent. 46 Staaten teilen sich diese Fläche. Nach der Zahl der Bewohner aber ist Europa mit etwa 700 Millionen Menschen der drittgrößte Kontinent. Im Osten grenzt sich Europa durch die zwei großen Gebirgsketten Ural und Kaukasus von Asien ab. Im Süden wird Europa durch das Mittelmeer von Afrika getrennt. Westlich liegt der Atlantische Ozean und als nördlichster Punkt gilt das Nordkap in Norwegen.

1 Schaue dir die Karte genau an und lies die Länderliste.
Suche jedes Land aus der Liste auf der Karte.

2 Beantworte die Fragen mit Hilfe der Karte oder des Lexikontextes.
- Wie heißen die Nachbarländer von Deutschland?
- Welche Länder liegen direkt am Meer?
- Wie heißt das nördlichste und das südlichste Land Europas?
- Wie viele Menschen leben in Europa?
- Wie heißen zwei Gebirgsketten im Osten Europas?

Spielt „Ländersuche“: Ein Kind nennt ein Land, das andere Kind zeigt es möglichst schnell auf der Karte. Wechselt euch ab!

Europa-Rap

Text und Rhythmus: Rüdiger Urbanek

Refrain

Wir ken-nen vie - le Län - der, Haupt - städ - te noch da - zu, und
als Eu - ro - pas Kin - der stehn wir auf die E - U.

1. **D** für Deutsch - land, Haupt-stadt ist Ber - lin,
A für Ös - ter - reich, al - le lie - ben Wien.
G B für Groß - bri - tan - ni - en, ist Lon - don euch be - kannt, und
C Z Tsche - chi - en mit Prag, die Mol - dau fließt durchs Land.

Refrain

2. **F** für Frank - reich, Haupt-stadt ist Pa - ris,
L für Lu-xem-burg, vie-le wis-sen dies.
B für Bel - gi - en mit Brüs-sel, das ist die Eu - ro - pa - stadt, und
D K steht für Dä - ne - mark, das Meerjungfrau'n im Märchen hat.

Refrain

1. Lies den Rap erst leise. Lies ihn dann laut so, dass er wie ein Rap klingt.
2. Bildet Gruppen. Sprecht den Rap gemeinsam. Klatscht, schnipst oder stampft rhythmisch zu eurem Rap.
3. Tragt den Rap auswendig vor.

Europäische Münzen

Viele Länder Europas haben den Euro als Währung. Die verschiedenen Euro-Münzen, mit denen wir jeden Tag bezahlen, unterscheiden sich in Größe, Gewicht, Material, Farbe und Dicke.
Die Vorderseite der Euro-Münzen ist in allen Ländern, die als Währung den Euro haben, gleich. Neben dem Wert der Münze ist eine Weltkugel oder der Kontinent Europa abgebildet. Außerdem sind die zwölf Sterne der Europäischen Union zu erkennen.

Die Rückseite durfte jedes Land selbst gestalten. So finden sich dort oft wichtige Personen, besondere Bauwerke oder andere landestypische Dinge.

Spanien

Belgien

Finnland

Malta

Österreich

Griechenland

Monaco

Estland

1 Vergleicht die Vorderseiten der Münzen. Welche Unterschiede entdeckt ihr?

Alle Münzen unter www.kindernetz.de Suchbegriff: Münzen

2 Wähle eine der abgebildeten Münzrückseiten aus. Beschreibe sie. Findet dein Partner sie wieder?

Gestalte eine eigene Münzrückseite für eine deutsche Münze.

133

Dänemark – ein Land in Europa

Hauptstadt: Kopenhagen
Einwohner: 5,54 Mio.
Größe: 43 094 km^2
Sprache: Dänisch
Währung: Dänische Krone
Kfz-Kennzeichen: DK

1 Was weißt du über Dänemark? Notiere Stichpunkte.

Dänemark ist eines der nördlichen Länder Europas. An seiner Nordspitze bei Skagen stoßen Nordsee und Ostsee aufeinander. Dänemark besteht aus der Halbinsel Jütland und aus über 400 kleineren Inseln. Sie liegen in der Nordsee oder Ostsee und sind nur zum Teil von Menschen bewohnt. Die Küste des Landes ist 7300 km lang. Wegen der vielen Sandstrände ist Dänemark ein beliebtes Urlaubsland. Viele Familien aus ganz Europa machen dort Urlaub im Ferienhaus oder auf einem Campingplatz. Vor allem den Kindern schmeckt das dänische Essen. Ein sehr beliebter Imbiss sind die Hotdogs: Würstchen mit Röstzwiebeln, Gewürzgurkenscheiben und drei verschiedenen Soßen in einem weichen Brötchen. Ein berühmter dänischer Dichter war Hans Christian Andersen. Er verfasste über 160 Märchen, bevor er 1875 starb. So schrieb er „Die Prinzessin auf der Erbse“ und „Das hässliche Entlein“. Auch das Märchen von der kleinen Meerjungfrau stammt von Andersen. Die Statue der kleinen Meerjungfrau ist heute ein bekanntes Wahrzeichen der Hauptstadt Kopenhagen. Im nördlichen Dänemark finden sich noch heute Spuren der Wikinger. Sie lebten dort als Bauern und Kaufleute in ihren Langhäusern, waren aber auch als Seefahrer und Eroberer bekannt.

2 Welche Informationen hast du durch den Text neu erhalten? Notiere Stichpunkte. Tausche dich mit einem Partner aus.

3 Wähle ein anderes europäisches Land.
Schreibe auf, was du schon darüber weißt.
Sammle weitere Informationen. Stelle das Land vor.

Infos über verschiedene Länder: www.die-geobine.de

Unser Europalexikon

Gemeinsam könnt ihr ein Länderlexikon erstellen.
Dazu wählt jedes Kind ein anderes europäisches Land aus.
Eure fertigen Texte könnt ihr auch mit dem Computer schreiben.

Sammle wichtige Informationen zu deinem Land. Suche in Sachbüchern, im Lexikon oder im Internet.

Schreibe Stichpunkte oder einen Steckbrief zu deinem Land: Hauptstadt, Einwohner, Sprache, Sehenswürdigkeiten, Besonderheiten, Flüsse, bekannte Personen …

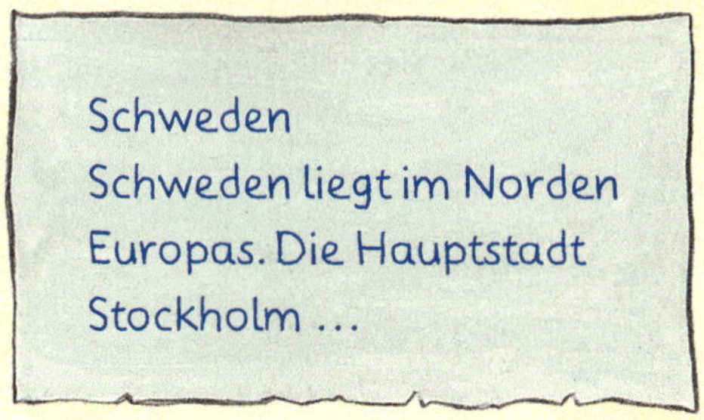

Verfasse einen Text, der über dein Land informiert. Verwende dazu die Stichpunkte oder den Steckbrief. Überarbeite deinen Text in einer Schreibkonferenz. Male oder klebe zum fertigen Text passende Bilder.

Sammelt alle Texte, sortiert sie und heftet sie zusammen.

135, 136

Der Name Europa

Eine Sage erzählt, dass vor mehr als 3000 Jahren König Agenor, seine Frau Telephassa und ihre schöne Tochter Europa an der Ostküste des Mittelmeeres lebten. Der griechische Göttervater Zeus verliebte sich eines Tages in die Prinzessin Europa und beschloss, sie zu entführen. Dazu verwandelte er sich in einen edlen weißen Stier. Europa spielte gerade mit ihren Freundinnen am Meer, als plötzlich der Stier aus dem Wasser kam. Europa fand Zutrauen zu dem Tier und setzte sich auf seinen Rücken. Der Stier aber lief zum Meer, sprang hinein und schwamm mit Europa auf dem Rücken bis zur Insel Kreta. Dort verwandelte er sich wieder in Zeus. Europa verliebte sich in Zeus und blieb auf der Insel. Seither trägt der ganze Kontinent, zu dem auch die Insel Kreta gehört, den Namen Europa.

Die Prinzessin Europa gefiel dem Göttervater Zeus sehr.
Zeus begegnete Europa als Stier am Strand.
Europa vertraute dem Stier.
Sie folgte ihm ins Wasser und kam so nach Kreta.
Damit gab eine Prinzessin unserem Kontinent seinen Namen.

1 Frage in jedem Satz nach dem roten Satzglied:
Wem gefiel die Prinzessin Europa sehr? Dem …

Prinzessin Europa • dem Stier • folgte

Europa • dem Göttervater Zeus • gebar • drei Söhne

sie • einem Sohn • gab • den Namen Minos

2 Bilde aus den Satzgliedern Sätze.
Markiere in jedem Satz das Dativobjekt.

Merksatz

Das Dativobjekt (Ergänzung im 3. Fall) ist ein Satzglied im Wem-Fall.
Nach diesem Objekt fragt man mit Wem?.
Wem vertraute Europa? Dem Stier.

137, 171, 173

Urlaub in Schweden

Wir haben Urlaub in Schweden gemacht. Das war total super! Gewohnt haben wir in einem Holzhaus direkt an einem See. Da konnten wir jeden Tag schwimmen und Kanu fahren. Abends gab es immer ein Lagerfeuer. Und weil es gar nicht richtig dunkel wurde, sind wir immer ganz lange aufgeblieben. Und einen Elch haben wir gesehen! Ihr müsst unbedingt auch mal nach Schweden fahren.

Schweden
Urlaubshit für Familien
Natur pur, traumhafte Seen, malerische Dörfer und aktives Freizeitvergnügen – das erwartet Familien in Schweden. Die Vielfalt des Landes garantiert einen unvergesslichen Urlaub für jedes Familienmitglied.

Wir haben Urlaub in Schweden gemacht. Das ist ein sehr interessantes Land, in dem es mehr als 100 000 Seen gibt. Durch viele Elche, die frei herumlaufen, gibt es immer wieder Verkehrsunfälle. Die Gegend hoch im Norden heißt Lappland. Dort sind die Winter sehr lang und kalt. Schwedens Königin heißt Silvia und ist in Deutschland geboren. Wichtig zu wissen ist, dass man in Schweden nicht mit dem Euro bezahlen kann. Die Währung dort ist die Schwedische Krone.

1 Welcher der Texte macht dich neugierig auf das Land Schweden? Warum?

2 Welcher Text informiert dich über Schweden? Schreibe aus dem Text die Informationen in Stichpunkten auf.

3 Du willst deine Familie von einem Urlaub in Schweden überzeugen. Welchen Text würdest du aussuchen? Begründe deine Wahl.

Schreibe einen Reisetext zu deiner Heimatstadt, der andere Kinder neugierig macht und informiert.

138

Die Europa-Flagge

Flaggen einzelner europäischer Länder

Jeder Staat in Europa hat seine eigene Flagge. Manche unterscheiden sich in ihrem Aussehen, manche sehen sich auch sehr ähnlich. Aber auch die Europäische Union (EU) hat eine eigene Flagge. Sie soll für die Einheit Europas stehen. Auf ihr sind zwölf Sterne im Kreis abgebildet. Die Zahl der Sterne hat nichts mit der Anzahl der Mitgliedsstaaten zu tun. Während die Mitgliedsstaaten mehr werden, bleibt die Zahl der Sterne gleich. Vielmehr sind es zwölf Sterne, weil die Zahl zwölf ein Zeichen der Ganzheit und Vollkommenheit ist. So gibt es zwölf Monate im Jahr und auf dem Ziffernblatt der Uhr zwölf Stunden. Der Kreis bedeutet, dass jeder Staat, ob groß oder klein, gleichberechtigt in der Gemeinschaft steht. Seit 1986 wird diese Fahne von allen europäischen Einrichtungen verwendet.

1. Schreibe alle grünen Wörter auf. Markiere das h und den lang klingenden Vokal, der davor steht: ihrem, …

bezahlen • Fehler • Vernehmung
auswählen • wahrscheinlich • strahlen
durchführen • Gefahr • ähnlich • Führung

2. Schreibe diese Wörter nach Silben getrennt auf: be-zah-len, …

Lasse dir alle Wörter aus Aufgabe 1 und 2 von einem Kind diktieren.

10, 44, 53, 128

Englische und französische Wörter

Chips • T-Shirt • Show • Toast • Spray
Computer • Jeans • Ketchup • Clown
E-Mail • Cent • Training • Interview

Toilette • Garage • Pommes frites
Batterie • Baguette • Tourist • Cousin
Orange • Croissant • Diskussion

1. Wie diese Wörter geschrieben werden, musst du dir gut merken. Schreibe zuerst die englischen Wörter, dann die französischen Wörter mit dem richtigen Artikel. Die Wörterliste hilft dir.
2. Markiere in den Wörtern schwierige Stellen.
3. Wähle eine Sprache aus. Lasse dir die Wörter von einem Partnerkind diktieren.

140, 177, 178

Jahreszeiten und Feste

Die Welt ist allzeit schön

Im Frühling prangt die schöne Welt
in einem fast smaragden Schein.

Im Sommer glänzt das reife Feld
und scheint dem Golde gleich zu sein.

Im Herbste sieht man, als Opalen,
der Bäume bunte Blätter strahlen.

Im Winter schmückt ein Schein, wie Diamant
und reines Silber, Flut und Land.

Ja kurz, wenn wir die Welt aufmerksam sehn,
ist sie zu allen Zeiten schön.

Barthold Heinrich Brockes

Wo holt sich die Erde die himmlischen Kleider?

Wo holt sich die Erde die himmlischen Kleider?
Beim Wettermacher, beim Wolkenschneider.
Sie braucht keine eitlen Samte und Seiden,
sie nimmt, was er hat, und trägt froh und bescheiden
das Regenschwere, das Flockenleichte,
das Schattenscheckige, Sonngebleichte,
das Mondgewobne und Sternbestickte,
das Windzerrissene, Laubgeflickte,
das Gockelrote, das Igelgraue,
das Ährengelbe, das Pflaumenblaue,
das Gräserkühle, das Nesselheiße,
das Hasenbraune, das Schwanenweiße –
und schlendert die Jahre hinauf und hinunter:
je schlichter, je lieber, je schöner, je bunter.

Christine Busta

Märzküsse

Es kroküsst und es primelt
im Garten und am Bach.
Ein Spatzenpaar verkrümelt
sich selig unters Dach.
Paarweise wird gewandelt,
geturtelt und geküsst
und fröhlich angebandelt,
weil endlich Frühling ist.
Nun wird sich alles wenden
das Wetter und das Kleid.
Es duftet an allen Enden
nach Frühlingsseligkeit.
Nun küsst der Wal die Walin,
die Nerzin küsst den Nerz,
ein Herr küsst die Gemahlin,
Kroküsse küsst der März.

James Krüss

Der Sommer

Er trägt einen Bienenkorb als Hut,
blau weht sein Mantel aus Himmelsseide,
die roten Füchse im gelben Getreide
kennen ihn gut.
Sein Bart ist voll Grillen. Die seltsamen Mären
summt er der Sonne vor, weil sie's mag,
und sie kocht ihm dafür jeden Tag
Honig und Beeren.

Christine Busta

Blauer Schmetterling

Flügelt ein kleiner blauer
Falter vom Wind geweht,
ein perlmutterner Schauer,
glitzert, flimmert, vergeht.
So im Augenblicksblinken,
so im Vorüberwehn
sah ich das Glück mir winken,
glitzern, flimmern, vergehn.

Hermann Hesse

Herbstlied aus England

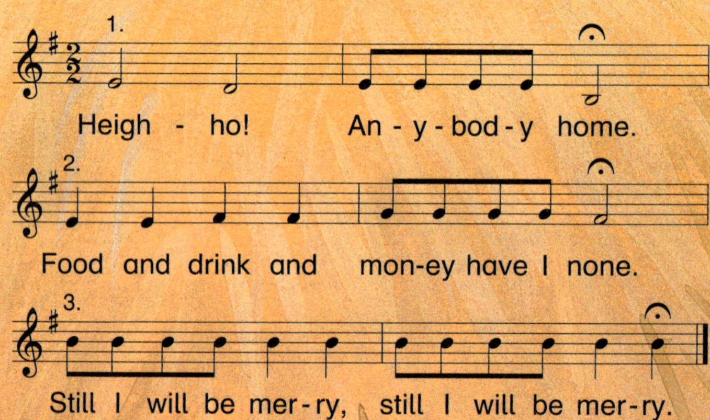

traditionell

Winter

Über den Bergrücken
läuft eine Gänsehaut.
Die Bergnase
schnupft den Rotz hoch.
Der Hügelfuß
zieht sich den Stiefel über.
Der Flussarm
schlüpft in den wollenen Ärmel.
Nur die Landzunge
kümmert sich nicht um die Kälte
und leckt das Eis vom gefrorenen See.

Hans Manz

Mary's Boy Child

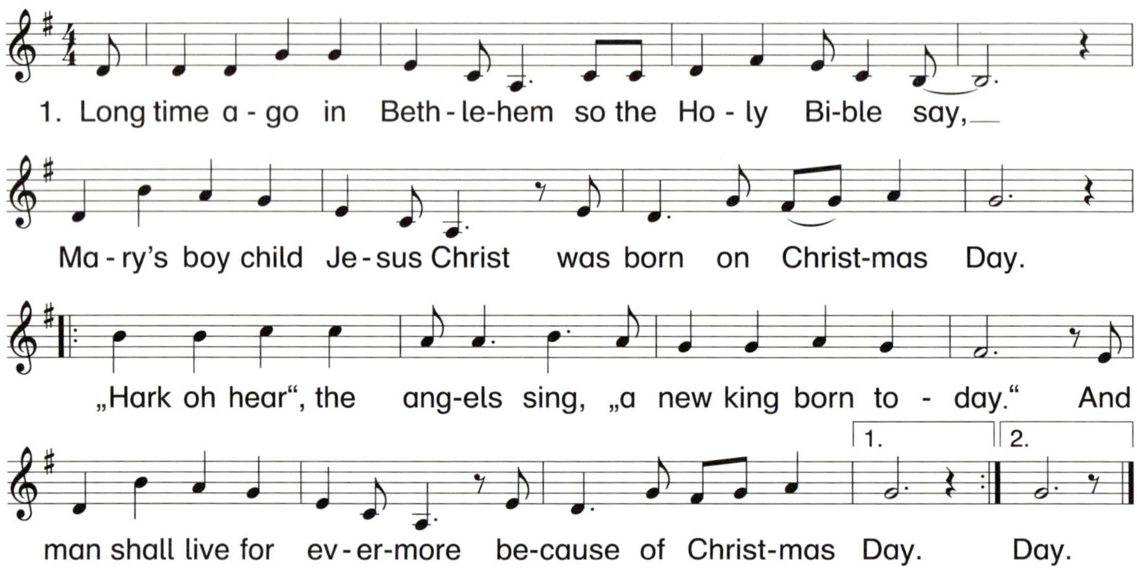

Jester Hairston

Gegenwart

Langsam wird es höchste Zeit:
Weg mit der Vergangenheit,
ich werde sie verlassen!
Ich schau nach vorn und nicht retour,
in Zukunft werde ich mich
nur mit Gegenwart befassen.
In Zukunft mit der Gegenwart?
Halt, Moment! Ist das gescheit?
In Zukunft ist die Gegenwart
doch wieder nur Vergangenheit.

Paul Maar

Das große Quiz

Kinder dieser Welt

Wie viele Kontinente gibt es?

B 5 | M 9 | T 7

Die Kinderrechte gelten seit 1989 …

I auf der ganzen Welt. | U nur in Europa. | T in den Ländern der UN.

Im Wald

Welches Stockwerk gehört zum Wald?

N Krautschicht | X Luftschicht | L Stammschicht

Was ist ein Rondell?

K ein Tanz | W ein Spielzeug | T eine Gedichtform

Sonne, Mond und Sterne

Wie hießen die beiden ersten Menschen auf dem Mond?

E Armstrong und Collins | D Collins und Aldrin | O Aldrin und Armstrong

Sterne bestehen aus …

J schmutzigem Schnee. | S brennenden Gasen. | V leuchtendem Gestein.

Drachen

Wo sind die Drachen Glücksbringer?

O in Europa | A in China | M in Australien

Die Geschichte von Siegfried, dem Drachentöter, ist …

Q eine wahre Geschichte. | S ein Märchen. | G eine Sage.

Mädchen und Jungen

Liebe …

T ist wie ein Magnet. | D liegt schwer im Magen. | I macht Ohrensausen.

Wann die Pubertät beginnt, bestimmen …

U wir selber. | J unsere Eltern. | A Hormone.

Strom überall

Warum nutzte man Karbidlampen nicht in Wohnungen? Wegen …

L des Gestanks. K der Kosten. P der Gefahr.

Beim Bügeleisen und Toaster erzeugt der elektrische Strom …

F Bewegung. L Wärme. Y Licht.

Vom Leben der Wale

Zu den Zahnwalen gehören …

C der Blauwal. E der Pottwal. R der Buckelwal.

Wie lange wächst ein Blauwalbaby im Bauch seiner Mutter?

S 6 Monate N 12 Monate Z 18 Monate

Schneller, weiter, höher

Agathe ist eine …

V Lehrerin. T Schildkröte. G Mutter.

Wer hat das Buch „Nickel Vogelpfeifer“ geschrieben?

S Mirjam Pressler L Hilke Rosenboom U Joanne K. Rowling

Eine Zeitung entsteht

Schnappschuss ist ein …

W Chefredakteur. C Fotoreporter. M Wirtschaftsreporter.

Eine Schlagzeile ist …

D ein Tennisschläger. H eine Überschrift. P ein Foto.

Europa

Welches Land liegt nicht in Europa?

J Schweden Ü Neuseeland Ö Spanien

Auf der europäischen Flagge sind …

S 12 Sterne. T 14 Sterne. U 6 Sterne.

(1) Schreibe die Lösungsbuchstaben nacheinander auf.
Sie ergeben einen Lösungssatz.

Wörterliste

Aa

ab
abholen, er holt ab
abmachen, sie macht ab
abschreiben, es schreibt ab
ahnen, er ahnt
ähnlich
an
die **Angel,** die Angeln
der **Anorak,** die Anoraks
der **Apfel,** die Äpfel
die **Apfelsine,** die Apfelsinen
der **Appetit,** die Appetite
der **Ärger**
der **Artikel,** die Artikel
der **Ast,** die Äste
das **Attest,** die Atteste
die **Aufgabe,** die Aufgaben
aufhalten, sie hält auf
aufhören, es hört auf
aufmachen, er macht auf
aufpassen, sie passt auf
aufstehen, er steht auf
die **Ausgabe,** die Ausgaben
ausgehen, es geht aus
auslachen, sie lacht aus
ausprobieren, er probiert aus
sich **ausruhen,** sie ruht sich aus
ausrutschen, es rutscht aus
aussehen, er sieht aus
außen
außer

Bb

backen, sie bäckt
die **Bahn,** die Bahnen
bald
die **Bank,** die Bänke
der **Bär,** die Bären
die **Batterie,** die Batterien
bauen, er baut
der **Baum,** die Bäume
der **Behälter,** die Behälter
beißen, es beißt
benutzen, sie benutzt
das **Benzin,** die Benzine
der **Berg,** die Berge
betäuben, er betäubt
bezahlen, sie bezahlt
biegen, er biegt
bieten, sie bietet
bis
das **Blatt,** die Blätter
blau
der **Blick,** die Blicke
die **Blume,** die Blumen
das **Blut**
brauchen, es braucht
braun
breit
bremsen, sie bremst
die **Brille,** die Brillen
bringen, er bringt
das **Brot,** die Brote
die **Brücke,** die Brücken
der **Bruder,** die Brüder

Cc

das **Camping**
der **Cent,** die Cents
die **Chips**
der **Clown,** die Clowns
der **Container,** die Container
der **Cousin,** die Cousins
die **Cousine,** die Cousinen

Dd

danke
daran
darin
die **Decke,** die Decken
die **Demokratie,** die Demokratien
denken, sie denkt
deutlich
dick
der **Dienstag,** die Dienstage
dieser
das **Diktat,** die Diktate
das **Ding,** die Dinge
dir
die **Diskussion,** die Diskussionen
der **Draht,** die Drähte
draußen
drei
dreimal
der **Druck,** die Drucke
drucken, er druckt
durchführen, sie führt durch

Ee

die **Ecke,** die Ecken
einfallen, er fällt ein
eingehen, es geht ein
einkaufen, sie kauft ein
einladen, er lädt ein
einnehmen, es nimmt ein
einrichten, er richtet ein
der **Ekel**
die **E-Mail,** die E-Mails
der **Engel,** die Engel
entdecken, es entdeckt
entfernen, sie entfernt
entweder
sich **erkälten,** er erkältet sich
die **Erkältung**
es
das **Experiment,** die Experimente
die **Explosion,** die Explosionen

Ff

die **Fabrik,** die Fabriken
fahren, es fährt
der **Fahrer,** die Fahrer
das **Fahrrad,** die Fahrräder
die **Fahrt,** die Fahrten
die **Familie,** die Familien
die **Farbe,** die Farben
färben, sie färbt
fehlen, er fehlt
der **Fehler,** die Fehler
die **Ferien**
fertig

feucht
das **Feuer**, die Feuer
der **Fleiß**
fleißig
fließen, es fließt
die **Freude**, die Freuden
sich **freuen**, sie freut sich
der **Freund**, die Freunde
die **Freundin**, die Freundinnen
freundlich
der **Frieden**
friedlich
frieren, er friert
früh
das **Frühstück**
führen, sie führt
furchtsam

Gg

die **Garage**, die Garagen
das **Gebäude**, die Gebäude
geben, es gibt
das **Gebiet**, die Gebiete
die **Gefahr**, die Gefahren
gefährlich
geizig
das **Geld**, die Gelder
das **Gerät**, die Geräte
das **Geräusch**, die Geräusche
geschehen, es geschieht
gesund
sich **gewöhnen**, er gewöhnt sich
gießen, sie gießt
das **Glas**, die Gläser
glücklich
groß
gucken, er guckt

Hh

haben, es hat
der **Hahn**, die Hähne
der **Haken**, die Haken
die **Hälfte**, die Hälften
haltbar
halten, sie hält
die **Hand**, die Hände
hart
die **Härte**, die Härten
der **Haufen**, die Haufen
häufig
heizen, er heizt
heulen, es heult
hier
hilflos
hinfallen, sie fällt hin
hinfliegen, es fliegt hin
hingehen, er geht hin
hinkommen, sie kommt hin
sich **hinlegen**, er legt sich hin
sich **hinsetzen**, sie setzt sich hin
sich **hinstellen**, er stellt sich hin
die **Hitze**
die **Höhle**, die Höhlen
der **Hund**, die Hunde

Ii

der **Igel**, die Igel
ihm
ihn
ihnen
ihr
ihre
im
in
informieren, sie informiert
das **Interview**, die Interviews

Jj

das **Jahr**, die Jahre
jährlich
der **Januar**
die **Jeans**
jung

Kk

der **Käfer**, die Käfer
kalt
die **Kälte**
der **Käse**, die Käse
kaufen, sie kauft
der **Käufer**, die Käufer
kehren, er kehrt
das **Ketchup**
das **Kilo**, die Kilo
der **Kilometer**, die Kilometer
das **Kino**, die Kinos
klar
klären, sie klärt
das **Klavier**, die Klaviere
das **Kleid**, die Kleider
knacken, es knackt
kommen, sie kommt
der **König**, die Könige
können, er kann
kopieren, sie kopiert
der **Korb**, die Körbe
krank
das **Kraut**, die Kräuter
die **Kreuzung**, die Kreuzungen
kriegen, sie kriegt
das **Krokodil**, die Krokodile
die **Kuh**, die Kühe
kühl
die **Kurve**, die Kurven

Ll

lahm
das **Land**, die Länder
lange
der **Lärm**
lassen, es lässt
der **Laut**, die Laute
laut
läuten, er läutet
das **Layout**, die Layouts
lecker
die **Leute**
das **Lexikon**, die Lexika
lieb
das **Lied**, die Lieder
lila

die **Linie,** die Linien
links
der **Liter,** die Liter
die **Luke,** die Luken
lustig

Mm

das **Mädchen,** die Mädchen
mähen, sie mäht
man
die **Mandarine,** die Mandarinen
der **Mann,** die Männer
das **Märchen,** die Märchen
der **März**
die **Maschine,** die Maschinen
die **Mathematik**
das **Mehl**
die **Milch**
der **Mond,** die Monde
moosgrün
die **Mühle,** die Mühlen
die **Musik**
müssen, er muss

Nn

nackt
nämlich
nehmen, es nimmt
neu
niemand
der **November**

Oo

ob
der **Onkel,** die Onkel
die **Orange,** die Orangen

Pp

packen, sie packt
die **Pauke,** die Pauken
pauken, er paukt
das **Pferd,** die Pferde
der **Pilot,** die Piloten
der **Plan,** die Pläne
der **Platz,** die Plätze
platzen, es platzt
plötzlich
die **Pommes frites**
praktisch
das **Problem,** die Probleme
das **Programm,** die Programme
der **Pullover,** die Pullover
putzen, sie putzt

Ququ

quaken, er quakt

Rr

das **Rad,** die Räder
das **Rätsel,** die Rätsel
rauben, sie raubt
der **Räuber,** die Räuber

	rauschen, es rauscht
der	**Redakteur**, die Redakteure
die	**Redaktion**, die Redaktionen
	reißen, sie reißt
	reizen, er reizt
der	**Reporter**, die Reporter
	riechen, sie riecht
	riesig
der	**Ring**, die Ringe
der	**Rock**, die Röcke
die	**Rosine**, die Rosinen
der	**Rücken**, die Rücken
	rühren, er rührt

Ss

der	**Sack**, die Säcke
	säen, sie sät
der	**Satz**, die Sätze
	saugen, es saugt
der	**Säugling**, die Säuglinge
die	**Schaukel**, die Schaukel
	schaukeln, sie schaukelt
der	**Schaum**, die Schäume
	schäumen, es schäumt
	schenken, er schenkt
	schlagen, sie schlägt
der	**Schläger**, die Schläger
die	**Schlagzeile**, die Schlagzeilen
	schließen, er schließt
die	**Schnauze**, die Schnauzen
	schneeweiß
	schräg
der	**Schreck**, die Schrecken
	schrecklich
	schwach
die	**Schwäche**, die Schwächen
	schwarz
	sehen, es sieht
	sehr
	sein, sie ist
sich	**setzen**, er setzt sich
die	**Show**, die Shows
	sieben
	sitzen, sie sitzt
der	**Sohn**, die Söhne
die	**Soße**, die Soßen
	spät
	spitz
das	**Spray**, die Sprays
	spritzen, es spritzt
der	**Stab**, die Stäbe
der	**Stamm**, die Stämme
	stoßen, er stößt
der	**Strauch**, die Sträucher
	strecken, sie streckt
die	**Strophe**, die Strophen
das	**Stück**, die Stücke

Tt

der	**Tag**, die Tage
	taub
das	**Thema**, die Themen
das	**Thermometer**, die Thermometer
	tief
das	**Tier**, die Tiere
der	**Toast**, die Toasts
die	**Toilette**, die Toiletten
der	**Tourist**, die Touristen

	tragen, sie trägt
das	**Training,** die Trainings
	transportieren, er transportiert
	traurig
	treffen, er trifft
	treiben, es treibt
	treten, sie tritt
	trotzdem
das	**T-Shirt,** die T-Shirts

Uu

die	**Uhr,** die Uhren
	um
der	**Unfall,** die Unfälle
	ungefähr
das	**Ungeheuer,** die Ungeheuer
das	**Unglück,** die Unglücke

Vv

der	**Vater,** die Väter
der	**Verkehr**
	verlässlich
das	**Video,** die Videos
	vier
die	**Violine,** die Violinen
der	**Vogel,** die Vögel
	voll
	vom
	vorne

Ww

die	**Wahl,** die Wahlen
	während
	wahrscheinlich
der	**Wald,** die Wälder
	warum
	was
die	**Wäsche,** die Wäschen
	waschen, er wäscht
das	**Wasser**
der	**Weg,** die Wege
	werden, es wird
	wissen, sie weiß
der	**Witz,** die Witze
	wohl
	wohnen, er wohnt
	wollen, sie will

Xx Yy Zz

die	**Zahl,** die Zahlen
	zählen, es zählt
der	**Zahn,** die Zähne
sich	**zanken,** er zankt sich
	zehn
die	**Zeitung,** die Zeitungen
	zerbrechen, es zerbricht
	zerstören, sie zerstört
	ziehen, es zieht
das	**Ziel,** die Ziele
	ziemlich
der	**Zucker**
der	**Zug,** die Züge
	zuletzt
	zum
	zusammen

Inhaltsverzeichnis

Kinder dieser Welt 4
In Paule Puhmanns Paddelboot 6
Wir leben auf der Erde 8
Hello Marie! 9
Kindernamen aus aller Welt 10
Kinder haben Rechte 11
In Istanbul 12
Wo fehlt etwas? 13
Fußball in aller Welt 14
Die Weltelf 15
Urlaubspost 16
Schule anderswo 17
Geübt und gekonnt 18

Im Wald 20
Die Spinne 22
Wälder sind verschieden 24
Stockwerke des Waldes 25
Waldgedichte 26
Waldschätze 27
Schrecken im Wald 28
Geheimnisvoller Wald 29
Entdeckungen im Wald 30
Die Farben des Waldes 31
Was macht unsere Wälder krank?. 32
Rechtschreibgespräch 33
Geübt und gekonnt 34

Sonne, Mond und Sterne 36
Abendlied 38
Unser Mond – ein Himmelskörper auf Reisen 39
Unser Sonnensystem 40
Der kleine Prinz 42
Ein Sachgespräch führen 43
Unterwegs im Weltraum 44
Eine Reise ins All 45
Die Landung auf dem Mond 46
Die Planeten 47
Die Erde – eine Scheibe? 48
Wenn es dunkel wird 49
Geübt und gekonnt 50

Drachen 52
Der Norwegische Stachelbuckel ... 54
Der Sturm 56
Siegfried, der Drachentöter 58
Paff, der Zauberdrache 59
Eine Drachengeschichte beginnt... 60
Geschichten aus der Schachtel..... 61
Der Komodowaran 62
Mutlos 63
Auf zum Drachenkampf 64
Die Insel der Drachen 65
Geübt und gekonnt 66

Mädchen und Jungen ... 68
Inger ... 70
Ronja und Birk ... 71
Liebe ist ... manchmal so und manchmal so ... 72
Küss die Sterne ... 73
Vorbilder und Idole ... 74
Typisch Mädchen, typisch Junge – oder? ... 75
Bücher, Bücher ... 76
Alle gegen die Schröders ... 77
Kriegen alle Kinder Pubertät? ... 78
Jule und Leon ... 79
Georg liebt Gloria ... 80
Coole Outfits ... 81
Geübt und gekonnt ... 82

Strom überall ... 84
Vom Kienspan zur Glühlampe ... 86
Einen Druckschalter bauen ... 88
Bei Licht betrachtet ... 89
Kurzschluss ... 90
Strom sparen ... 91
Strom im Haushalt ... 92
Thomas Alva Edison ... 93
Das Wasserkraftwerk ... 94
Elektrische Geräte ... 95
Geübt und gekonnt ... 96

Vom Leben der Wale ... 98
Urlaub am Meer ... 100
Große und kleine Wale ... 102
Lesekonferenz ... 103
Walfang ... 104
Hilfe! Schwertwale! ... 105
Narwale ... 106
Verschiedene Wale ... 107
Pottwale – Meister im Tauchen ... 108
Blauwalbabys ... 109
Wanderungen der Wale ... 110
Ein Wal-Windspiel herstellen ... 111
Geübt und gekonnt ... 112

Schneller, weiter, höher ... 114
Agathe auf großer Fahrt ... 116
Nickels größter Wunsch ... 118
Schulwege ... 120
Witze rund um den Verkehr ... 121
Zusammenstoß mit dem Auto ... 122
Rätsel im Schilderwald ... 123
Unterwegs ... 124
Das verkehrssichere Fahrrad ... 125
Fehler finden ... 126
Aus fernen Ländern ... 127
Geübt und gekonnt ... 128

Eine Zeitung entsteht .. 130
Tageszeitungen 132
Aufbau eines Zeitungsartikels 133
Die Zeitungsmacher 134
Redaktionssitzung in der Klasse . 135
Bericht für die Klassenzeitung 136
Mein Bericht am PC 137
Als Reporter unterwegs 138
Rätsel für die Klassenzeitung 139
Auf die Schlagzeile kommt es an! 140
Fertig! 141
Geübt und gekonnt 142

Europa 144
Ein Wunsch ist frei 146
Länder in Europa 148
Europa-Rap 150
Europäische Münzen 151
Dänemark – ein Land in Europa .. 152
Unser Europalexikon 153
Der Name Europa 154
Urlaub in Schweden 155
Die Europa-Flagge 156
Englische und französische
Wörter 157

Jahreszeiten
und Feste 158
Die Welt ist allzeit schön 160
Wo holt sich die Erde
die himmlischen Kleider? 161
Märzküsse 162
Der Sommer 163
Blauer Schmetterling 163
Herbstlied aus England 164
Winter 165
Mary's Boy Child 166
Gegenwart 167

Das große Quiz 168
Wörterliste 170
Inhaltsverzeichnis 177
Lerninhalte 180

Lerninhalte

Kapitel	Lesen	Sprechen
Kinder dieser Welt 	• Unterschiedliche Texte lesen: ein Lied: S. 6 • Fragen beantworten: S. 8 • Sprachen verstehen: S. 9 • Aussagen mit eigenen Worten wiedergeben: S. 10	• Über ein Thema sprechen: S. 11
Im Wald 	• Unterschiedliche Texte lesen: einen Erzähltext: S. 22 • Informationen zusammenfassen: S. 24 • Textinhalte wiedergeben: S. 25 • Gedichte und Reime kennen: S. 26	• Eine Reihum-Geschichte erzählen: S. 27
Sonne, Mond und Sterne 	• Unterschiedliche Texte lesen: ein Gedicht: S. 38 • Unterschiedliche Texte lesen: einen Sachtext: S. 39 • Informationen zusammenfassen: S. 40	• Andere Perspektiven einnehmen: S. 42 • Gewusst wie: Informationen austauschen: S. 43
Drachen 	• Unterschiedliche Texte lesen: eine Fantasiegeschichte: S. 54 • Fragen zu einem Text überlegen: S. 56 • Eine Sage kennen lernen: S. 58	• Ein Lied singen und verstehen: S. 59
Mädchen und Jungen 	• Unterschiedliche Texte lesen: einen Erzähltext: S. 70, 71 • Texte bildlich umsetzen: S. 72 • Sich über Gefühle austauschen: S. 73 • Diagramme lesen: S. 74	• Meinungen diskutieren: S. 75
Strom überall 	• Zwischenüberschriften formulieren: S. 86 • Einen Text in Handlung umsetzen: S. 88	• Redewendungen kennen lernen: S. 89
Vom Leben der Wale 	• Unterschiedliche Texte lesen: einen Erzähltext: S. 100 • Einen Text genau lesen: S. 102 • Gewusst wie: Schwierige Texte gemeinsam lesen: S. 103	• Meinungen entwickeln und vertreten: S. 104
Schneller, weiter, höher 	• Unterschiedliche Texte lesen: einen Erzähltext: S. 116 • Zu Handlungen Stellung nehmen: S. 118	• Aussagen begründen: S. 120 • Witze spielen: S. 121
Eine Zeitung entsteht 	• Druckmedien kennen: S. 132 • Sich in einem Zeitungsartikel orientieren: S. 133 • Eine Szene spielen: S. 134	• Über Arbeitsvorhaben sprechen: S. 135
Europa 	• Unterschiedliche Texte lesen: ein Märchen: S. 146 • Eine Karte lesen: S. 148 • Einen Lexikontext lesen: S. 149	• Einen Rap sprechen: S. 150 • Gegenstände genau beschreiben: S. 151
Jahreszeiten und Feste 	• Gedichte kennen: Durch das Jahr: S. 160, 161 • Gedichte kennen: Frühling: S. 162, Sommer: S. 163, Winter: S. 165, Neujahr: S. 167 • Lieder kennen: Herbst: S. 164, Weihnachten: S. 166	

Texte verfassen	Sprache untersuchen	Rechtschreiben
• Eine Geschichte zu Ende schreiben: S. 12 • Gewusst wie: Texte gemeinsam überarbeiten: S. 13	• Wortarten: S. 14 • Nomen mit -heit, -keit, -nis, -ung: S. 15	• Anredepronomen in Briefen: S. 16 • Richtig abschreiben: S. 17
• Texte anschaulich schreiben: S. 28 • Ein Rondell schreiben: S. 29	• Zusammengesetzte Nomen: S. 30 • Zusammengesetzte Adjektive: S. 31	• Wörter mit ä und äu: S. 32 • Gewusst wie: Schreibweisen besprechen: S. 33
• Einen Text planen: Wortmaterial sammeln: S. 44 • Zu einem Bild schreiben: S. 45	• Verben: Personalform und Wortstamm: S. 46 • Bestimmte und unbestimmte Artikel: S. 47	• Nachdenkwörter: S. 48 • Doppelte Konsonanten, tz und ck: S. 49
• Eine Geschichte aufbauen: S. 60 • Eine Fantasiegeschichte schreiben: S. 61	• Adjektive mit -ig, -lich, -isch: S. 62 • Adjektive mit -bar, -los, -sam: S. 63	• Verben mit Doppelkonsonanten, tz und ck: S. 64 • Wörter mit eu und äu: S. 65
• Gewusst wie: Einen Buchinhalt zusammenfassen: S. 76 • Eine Szene schreiben: S. 77	• Subjekt und Prädikat: S. 78 • Geteiltes Prädikat: S. 79	• Satzzeichen: S. 80 • Fremdwörter richtig schreiben: S. 81
• Gewusst wie: Einen Cluster erstellen: S. 90 • Andere informieren: S. 91	• Präsens und Präteritum: S. 92 • Perfekt und Präteritum: S. 93	• Wörter mit ss und ß: S. 94 • Wörter mit ä ohne Ableitung: S. 95
• Einen Comic fortsetzen: S. 105 • Einen Text strukturiert schreiben: S. 106 • Medien gezielt auswählen: S. 107	• Verben mit Wortbausteinen: S. 108	• Futur: S. 109 • Wortfamilien: S. 110 • Langes ie und kurzes i: S. 111
• Einen Bericht schreiben: S. 122 • Verkehrszeichen beschreiben: S. 123	• Aus Verben werden Nomen: S. 124 • Die Fälle des Nomens: S. 125	• Gewusst wie: Texte am Computer überprüfen: S. 126 • Wörter mit langem i: S. 127
• Texte für die Veröffentlichung vorbereiten: S. 136 • Gewusst wie: Texte präsentieren: S. 137	• Gesprochene und geschriebene Sprache: S. 138 • Akkusativobjekt: S. 139	• Zeichensetzung beim nachgestellten Begleitsatz: S. 140 • Zeichensetzung beim eingeschobenen Begleitsatz: S. 141
• An Vorwissen anknüpfen: S. 152 • Gewusst wie: Informative Texte schreiben: S. 153	• Dativobjekt: S. 154 • Wirkung von Texten wahrnehmen: S. 155	• Wörter mit Dehnungs-h: S. 156 • Fremdwörter: S. 157

Quellenverzeichnis

Bildquellen

S. 4/5: Iglu: Fotolia/koya979. Freiheitsstatue: Fotolia/Sumpfbienchen. Eisbären: Shutterstock/Tom Linster. Rothaariger Junge: Fotolia/Jörg Hackemann. Matruschkapuppe: Fotolia/Tatjana Balzer. US-Boy: F1 online. Fussballfan: Fotolia/stokkete. Origami-Fisch: Fotolia/Mandrixta. Löwe: Shutterstock/Eric Isselee. Philipinisches Mädchen: Fotolia/Sascha Burkard. Origami-Vogel: Fotolia/magann. Mädchen mit Kopfhörern: Shutterstock/bikeriderlondon. Kompass: Fotolia/Elena Hölzer. Chilenisches Mädchen: Fotolia/iMAGINE. Afrikanisches Mädchen: Fotolia/Sylvie Bouchard. Pinguin: Fotolia/Silver. Bumerangs: Fotolia/Stepan Bormotov. Weltkarte: Shutterstock/IndianSummer. S. 8: Weltkarte: Cornelsen Schulverlage. **S. 10:** Bild 1 bis 4: Kinder dieser Welt/© Dorling Kindersley. **S. 14:** Bild 1 Torszene: Fotolia/scarlett. Bild 2 Begrüßung: Fotolia/jogyx. Bild 3 Mädchen jubelnd: Fotolia/© moodboard. **S. 17:** Links: Alamy Images/© Bill Bachmann/Alamy. **S. 20/21:** Waldweg: Shutterstock/Ralph Loesche. Baumwurzel: Shutterstock/siambizkit. Laubblätter: Shutterstock/irur. Waldbrand: Shutterstock/mironov. Waldrodung: Shutterstock/guentermanaus. Origami-Hase: Shutterstock/Deyan Georgiev. Eichhörnchen: Shutterstock/VOJTa Herout. Wildschweine: Shutterstock/Czesznak Zsolt. Beerensammeln: Shutterstock/MNStudio. Pilze: Shutterstock/ Zoom Team. **S. 23:** Cover: J. R. R. Tolkien: Der Hobbit. Klett-Cotta-Verlag, Stuttgart 2012. **S. 24:** Mischwald: Shutterstock/Matteo Festi. **S. 32:** Bild 1, kranker Wald: Fotolia/waupee. Bild 2, Tannenzweig: Mauritius images/Ilse Lindner. Bild 3, Blatt: Mauritius images/imagebroker/Gianpiero Ferrari/FLPA. Bild 4, Wurzeln: Shutterstock/Amy Johansson. S. 36/37: Galaxie: NASA/JPL-Caltech/ESA/Harvard-Smithsonian CfA. Die Erde: Cornelsen Schulverlage. Galileo Galilei: Fotolia/Juulijs. Sternzeichen: Fotolia/AllebaziB. Teleskop: Fotolia/Natis. Sonne: Fotolia/Jürgen Fälchle. Mond: Fotolia/Sergey Kamshylin. Weltraumsymbole: Fotolia/teneresa. **S. 39:** Illustration Cornelsen Schulverlage, nach einer Vorlage aus: Cover: Chang-hoon Jung, Ho Jang: Unser Mond, Deutsche Ausgabe © 2010 Gerstenberg Verlag, Hildesheim. **S. 40:** Planeten: Shutterstock/Jut. **S. 41:** Mondoberfläche: NASA Apollo. S. 42: Cover: Antoine de Saint-Exupéry: Der kleine Prinz. Mit farbigen Originalzeichnungen des Autors. © 1950 und 2012 Karl Rauch Verlag, Düsseldorf. Mit Illustrationen des Autors. S. 44: Bild 1: Raketenstart: NASA. Bild 2, Spacewalk: NASA. Bild 3, Reparatur: NASA. **S. 45:** Erzählbild: Your photo today: pix-superbild. **S. 46:** Bild 1, Mondlandung: NASA Edwin E. Buzz Aldrin. Bild 2, Fußabdruck: NASA. **S. 52/53:** Drachenbrückenpfeile: Shutterstock/Matej Kastelic. Drache und Burg: Shutterstock/Storozhenko. Drache feuerspeiend: Shutterstock/Elena Schweitzer. Chinesische Drachen-Laterne: Shutterstock/ Toa55. Cartoon-Drache: Shutterstock/HiSunnySky. Echsenauge: Shutterstock/Julia Remezova. Drachenboote: Shutterstock/Shi Yali. 2 Feuerdrachen: Shutterstock/DVARG. Komodowaran: Shutterstock/Anna Kucherova. Aufgeschlagenes Buch: Shutterstock/CarpathianPrince. Scherenschnitt Drache und Mädchen: Shutterstock/Bobb Klissourski. Scherenschnitt Drache und Ritter: Shutterstock/Jef Thompson. **S. 55:** Bild 1, Cover Hörbuch: Joanne K. Rowling: Harry Potter und der Stein der Weisen. Gelesen von Rufus Beck. Verlagsgruppe Random House GmbH, Der Hörverlag, München 2008. Bild 2, Cover: Joanne K. Rowling: Harry Potter und der Stein der Weisen, Übersetzung: Klaus Fritz, Illustration: Sabine Wilharm, © der deutschen Ausgabe: Carlsen Verlag GmbH, Hamburg 1998, Originaltextcopyright © Joanne K. Rowling 1997, Originalverlag: Bloomsbury Publishing Plc, London 1997, Originaltitel: „Harry Potter and the Philosopher's Stone", HARRY POTTER, characters, names and related indicia are trademarks of and © Warner Bros. Entertainment Inc. **S. 57:** Cover: Cornelia Funke: Drachenreiter. Dressler Verlag GmbH, Hamburg 1997. Illustriert von der Autorin. **S. 58:** Karte Cornelsen Schulverlage. **S. 62:** Komodowaran: Shutterstock/Anna Kucherova. **S. 68/69:** Skater: Fotolia/mbt_studio. Roboter: Fotolia/jossdim. Fussball im Tornetz: Fotolia/Vitaly Krivosheev. Papierherz: Shutterstock/OliOpi. Mädchen mit Trommeln: Fotolia/Kzenon. Stern: Fotolia/Smileus. Jungen Videospiel: Fotolia/verkoka. Junge an Tafel: Shutterstock/Nina Buday. Papierklebe-Lesezeichen: Shutterstock/Lera Efremova. Mädchen auf Pferd: Fotolia/Kathrin39. Ballet: Fotolia/Kadmy. Dino: Fotolia/Derrick Neill. **S. 71:** Cover: Astrid Lindgren: Ronja Räubertochter. Verlag Friedrich Oetinger GmbH, Hamburg 1982. Mit Zeichnungen von Ilon Wikland. **S. 76:** Cover: Andreas Steinhöfel: Paul Vier und die Schröders. Carlsen Verlag GmbH, Hamburg 2008. Illustration: Regina Kehn. **S. 84/85:** 5 Elektrogeräte: Fotolia/dashadima. Batterientypen: Fotolia/Marima. Kinder mit Taschenlampe: Fotolia/rotoGraphics. Blitz: Fotolia/Bokicbo. Wärmebild Haus: Fotolia/Ingo Bartussek. Steckerleiste: Fotolia/ womue. Strommasten: Fotolia/Gina Sanders. Energiesparlampen: Fotolia/ psdesign1. **S. 88:** Bild 1 bis 3: Peter Wirtz, Dormagen. **S. 92:** Bild 1, Waschen heute: Fotolia/Jack F. Bild 2, Waschen früher: ullstein bild. **S. 93:** Glühbirne: akg-images. **S. 94:** Wasserkraftwerk: Mauritius images/ib. **S. 95:** Toaster: Fotolia/snyfer. Küchenmixer: Fotolia/maxximmm. Bügeleisen: Fotolia/picsfive. Standmixer: Shutterstock/nito. Kühl-Gefrierschrank: Fotolia/Ljupco Smokovski. Staubsauger: Fotoliavetkit. Mikrowelle: ClipDealer/Maksym Yemelyanov. Geschirrspüler: Fotolia/Piotr Pawinski. Herd/Ofen: Fotolia/Piotr Pawinski. **S. 98/99:** Boot und großer Walschatten von oben: Fotolia/Maksim Samasiuk. Seepferdchen: Fotolia/RbbrDckyBK. Blauwal und Taucher: Mauritius images/mauritius images/Alamy. Mädchen mit Fernrohr: Fotolia/jelenaaloskina. Delfine: Fotolia/crisod. Gestrandete Wale: Mauritius images/mauritius images/Alamy. Springender Wal: Fotolia/Sophie. Gezeichneter Wal: Fotolia/w1ndkh. Mensch und verschiedene Wale, Größenvergleich: picture alliance/WILDLIFE. **S. 101:** Cover: Marliese Arold: Die Delfine von Atlantis. Oetinger Verlag GmbH, Hamburg 2010. Illustration: Almud Kunert. **S. 106:** Bild 1, narwal: Okapia/© NAS/Richard Ellis/OKAPIA. Bild 2, Zwei Narwale: dpa picture alliance/WILDLIFE. **S. 107:** Bild 1, Cover: Katherine Scholes/ Quint Buchholz: Sams Wal. Umschlagillustration: Quint Buchholz © 1996 by Ravensburger Buchverlag Otto Maier GmbH, Ravensburg. Bild 2, Cover: Sylvia Englert: Frag doch mal die Maus! – Wale und Delfine. cbj Verlag, München 2009, in der Verlagsgruppe Random House GmbH. Illustration: Johann Brandstetter. Bild 3, Cover: Bettina Brömme: WAS IST WAS Junior CD Wale & Delfine. Tessloff Verlag Nürnberg 2013. Bild 4, screenshot frag Finn: www.fragFINN.de. fragFINN e.V. Berlin. Bild 5, screenshot: Dr. Vollrath Wiese, Haus der Natur-Cismar (Natural History Museum). **S. 108:** Pottwal: Shutterstock/Kjersti Joergensen. **S. 109:** Blauwale: Laif/© Francois Gohier/VWPics/ Redux/laif. **S. 110:** Karte: Cornelsen Schulverlage. **S. 114:** Fahrrad-Sprung: Fotolia/alextan8. Flugzeug: Fotolia/itrace. Fahrradausflug: Fotolia/Arochau. Autobahn: Fotolia/digitalstock. Rennwagen: Fotolia/Fapfelweile. Junge mit Fahrradhelm: Fotolia/ipag. Verkehrspiktogramme: Fotolia/sharpnose. Weltkugel mit Straßen: Fotolia/valentinT. Verkehrsschilder: Fotolia/Frederico di Campo. **S. 117:** Cover: Andreas Steinhöfel: Dirk und ich. Carlsen Verlag GmbH, Hamburg 2002. Illustration: Regina Kehn. **S. 118:** Cover: Mirjam Pressler: Nickel Vogelpfeifer. Beltz & Gelberg, Verlagsgruppe Beltz, Weinheim 2010. Illustriert von Detlef Kersten. **S. 123:** Fahrradweg: Bundesanstalt für Straßenwesen/BMVBS. Stop: Bundesanstalt für Straßenwesen/BMVBS. Baustelle: Bundesanstalt für Straßenwesen/BMVBS. Rad- und Fußweg: Bundesanstalt für Straßenwesen/BMVBS. Verbot der Einfahrt: Bundesanstalt für Straßenwesen/BMVBS. Vorfahrtstraße: Bundesanstalt für Straßenwesen/ BMVBS. Verkehrsberuhigte Zone: Bundesanstalt für Straßenwesen/BMVBS. Vorfahrt achten: Bundesanstalt für Straßenwesen/BMVBS. Elefant: Shutterstock/Tish1. Elderly people: Fotolia/colinhipwell. Crocodiles: Fotolia/mark higgins. Stop (chinesisch): Imago. **S. 130/131:** Grafiken Büro: Shutterstock/ bloomua. Tastatur: Shutterstock/Antonov Roman. CMYK-Farbtöpfe: Shutterstock/frank_peters. Korrekturlesen: Fotolia/Pixsooz. Papierrollen: Shutterstock/White78. Redaktionsbüro: Shutterstock/Monkey Business Images. Mikrofon: Fotolia/wellphoto. Junge mit Kamera: Shutterstock/Aliyev Alexei Sergeevich. Zeitungsdruck: Fotolia/Goss Vitalij. **S. 132:** Zeitungen: 1 Hildesheimer Allgemeine Nachrichten: Gebrüder Gerstenberg GmbH & Co. KG. Hildesheim. 2 Ruhr Nachrichten: Lensing Medien GmbH & Co. KG. Dortmund. 3 Der Tagesspiegel: Verlag Der Tagesspiegel GmbH. Berlin. **S. 136:** Fußball: Shutterstock. **S. 144:** Geysir: Fotolia/kichatof. Norwegen: Shutterstock/ Harvepino. Polarlicht: Shutterstock/SurangaSL. Kiew: Shutterstock/Mikhail Markovskiy. Telefonzelle: Shutterstock/Markus Gann. Eiffelturm: Shutterstock/WDG Photo. Berlin Weltzeituhr: Shutterstock/Anibal Trejo. Origami-Weihnachtsbaum: Shutterstock/Dzm1try. Moskau: Shutterstock/Catarina Belova. Origami-Stier: Shutterstock/Jakkrit Orrasri. Flamencotänzerin: Shutterstock/artjazz. Strand: Shutterstock/holbox. Schiefer Turm Pisa: Shutterstock/Lukiyanova Natalia/frenta. Collosseum: Shutterstock/Iakov Kalinin. Akropolis: Shutterstock/ivan bastien. Moschee: Shutterstock/mahmut enc. Europakarte: Fotolia/Herby. **S. 148:** Karte: Cornelsen Schulverlage. **S. 151:** oben: deutsche Münzen: EZB. Unten: Spanien: EZB. Belgien: EZB. Finnland: EZB. Malta: EZB. Österreich: EZB. **S. 151:** deutsche Münzen: EZB. Griechenland: EZB. Österreich: EZB. Griechenland: EZB. Monaco: EZB. Estland: EZB. **S. 152:** Karte: Cornelsen Schulverlage. **S. 155:** Bild 1 Haus: Shutterstock/ BigganVi. Bild 2 Steg: Shutterstock/Kennerth Kullman. **S. 156:** Flaggen: Mauritius images. **S. 157:** Links: Doppeldeckerbus: Fotolia/Delphimages. Big Ben: Shutterstock/Kiev. Victor. Prince Charles: picture alliance/dpa. Rechts: Eiffelturm: Fotolia/sborisov. Croissants: Fotolia/Nitr. Käseplatte: Fotolia/photocrew. Baguettestange: Shutterstock/LubaShi. **S. 158/159:** Abendsonne:

Shutterstock/iurii. Kürbisse: Shutterstock/Shaiith. Weihnachtsmarkt: Shutterstock/LianeM. Feuerwerk: Shutterstock/Rainer Albiez. Luftschlange: Shutterstock/zhekoss. Biene an Kirschblüte: Shutterstock/Mark Strozier. Valentinsblumenstrauβ: Shutterstock/sarsmis. Erdbeeren: Shutterstock/Max Sudakov. Zugvögel: Shutterstock/Tspider. Maiskolben: Shutterstock/Zygotehaasnobrain. Weihnachtskerzen: Shutterstock/Martin Novak. Plätzchenteig: Shutterstock/Andreas Saldavs. Keimlinge: Shutterstock/Gayvoronskaya_Yana. Ostereier: Shutterstock/papillondream. Strandkörbe: Shutterstock/Karen Kaspar. Origami-Kamel: Shutterstock/Jakkrit Orrasri. Laternen: Fotolia/Fotofreundin. Mähdrescher: Shutterstock/Tony Campbell. Tannenzapfen: Shutterstock/S1001. Origami-Weihnachtsmann: Shutterstock/fotohunter. Weihnachtsbaumkugel: Shutterstock. Kinder mit Lupe im Gras: Shutterstock/Zurijeta. Jungen im Wasser: Shutterstock/Andrey Armyagov. Kinder im Herbstlaub: Shutterstock/Jacek Chabraszewski. Schlittenfahren: Shutterstock/jordache. **Collagen allgemein:** Zettel 45507352 Fotolia/picsfive. Polaroids 51824784 Fotolia/lainea. Zettel 51824786 Fotolia/lainea. Zettel 51824788 Fotolia/lainea. Zettel 51824790 Fotolia/lainea. Pins, Büroklammern 58914476 Fotolia/picsfive. Zettel 58922342 Fotolia/Foto: picsfive.Pins 47287518 Fotolia/Pixel Embargo. Klebezettel 47673063 Fotolia/kharlamova_lv. Check-Liste 49458659 Fotolia/Pixel Embargo. Fähnchenpin 51996910 Fotolia/ pockygallery11. Zettel mit Klebestreifen 54143102 Fotolia/pico. Zettel mit Klebestreifen 60167036 Fotolia/pico. Zettel mit Klebestreifen 60264189: Fotolia/pico.

Textquellen

Seite

6/7 **Vahle, Fredrik:** In Paule Puhmanns Paddelboot (gekürzt). Aus: Paule Puhmanns Paddelboot. Zehn Lieder zum Singen, Spielen und Lernen. Langenscheidt, Berlin/München 1985 © Aktive Musik Verlagsgesellschaft mbH, Dortmund

9 **Ahrens, Renate:** Hello Marie. Aus: Hello Marie – alles okay? (Auszug, gekürzt) Rowohlt Taschenbuch-verlag, Reinbek bei Hamburg 2007

10 **von Kessel, Carola:** Kindernamen aus aller Welt. In: Unicef, Kinder dieser Welt. Übersetzt von Cornelia Panzacchi. Dorling Kindersley Verlag, Starnberg 2003

12 **Tuckermann, Anja:** In Istanbul. Aus: Ein Buch für Yunus (Auszug, gekürzt). Deutscher Taschenbuch Verlag, München 2008. Erstveröffentlichung 1997. Erika Klopp Verlag, München

22/23 **Tolkien, J. R. R.:** Die Spinne (Titel hinzugefügt, Auszug, gekürzt). Aus: Der kleine Hobbit. Übersetzt von Walter Scherf. Deutscher Taschenbuch Verlag, München 1974

26 **Kästner, Erich:** Wir sitzen nicht auf Thronen. In: Gedichte. Suhrkamp, Frankfurt/Main 1999 © Atrium Verlag AG Zürich

38 **Claudius, Matthias:** Abendlied. Aus: Heinz-Jürgen Kliewer (Hrsg.): Die Wundertüte. Alte und neue Gedichte für Kinder. Philipp Reclam Junior, Stuttgart 1989

39 **Jung, Chang-hoon:** Unser Mond: Ein Himmelskörper auf Reisen (Auszug). Übersetzt von Hans-Jürgen Zaborowski. Gerstenberg, Hildesheim 2010

42 **de Saint-Exupéry, Antoine:** Der Kleine Prinz (Auszug, gekürzt, Vorspann hinzugefügt). Übersetzt von Grete und Josef Leitgeb. © 1950 und 2012 Karl Rauch Verlag GmbH, Düsseldorf

54/55 **Rowling, Joanne K.:** Der Norwegische Stachelbuckel. Aus: Harry Potter und der Stein der Weisen (Auszug, gekürzt). Übersetzt von Klaus Fritz. Carlsen Verlag GmbH, Hamburg 1998

56/57 **Funke, Cornelia:** Der Sturm. Aus: Drachenreiter (Auszug, gekürzt). Cecilie Dressler Verlag GmbH & Co., KG, Hamburg 1997

59 **Oldörp, Fred (Text), Yarrow, Peter (Musik):** Puff, der Zauberdrache. © by 1963 Silver Dawn Music/Honalee Melodies. BMG Rights Management GmbH, Berlin/Neue Welt Musikverlag GmbH, Hamburg

63 **Ende, Michael:** Mutlos (Titel hinzugefügt, nacherzählter Auszug). Aus: Jim Knopf und Lukas der Lokomotivführer. Thienemann Verlag, Stuttgart 2004

70 **Steinhöfel, Andreas:** Inger (gekürzt). Aus: Froschmaul-Geschichten. Carlsen, Hamburg 2006. Erstmals erschienen in: Maria Rutenfranz (Hrsg.): Unterwegs. Geschichten für die ganze Familie. Deutscher Taschenbuch Verlag, München 2001

77 Alle gegen die Schröders. Aus: Paul Vier und die Schröders (Auszug, gekürzt). Carlsen Verlag, Hamburg 2008

116/117 Agathe auf groβer Fahrt (Auszug, gekürzt). Aus: Dirk und ich. Carlsen Verlag, Hamburg 2007

71 **Lindgren, Astrid:** Ronja und Birk. Aus: Ronja Räubertochter (Auszug). Übersetzt von Anna-Liese Kornitzky. Verlag Friedrich Oetinger, Hamburg 1982

73 **Reuter, Bjarne:** Küss die Sterne! (Auszug). Aus dem Dänischen von Gabriele Haefs. S. Fischer Verlage Sauerländer, Frankfurt a. M.

74 Vorbilder und Idole. Zahlen entnommen aus: KIM-Studie 2012, S. 17. Medienpädagogischer Forschungsverbund Südwest, Stuttgart 2013 www.mpfs.de

78 **Helms, Antje:** Kriegen alle Kinder Pubertät? (Auszug, gekürzt). Aus: Kriegen das eigentlich alle? Gabriel Verlag (ThienemannVerlag), Stuttgart/Wien 2013

80 **Haugen, Tormod:** Georg liebt Gloria (Auszug). Übersetzt von Lothar Schneider. Verlag Heinrich Ellermann, München 1998

100/101 **Arold, Marliese:** Urlaub am Meer (Titel hinzugefügt, Auszug, gekürzt). Aus: Die Delfine von Atlantis. Verlag Friedrich Oetinger, Hamburg 2012

102 **Thiel, Hans Peter:** Groβe und kleine Wale. In: Thiel, Hans Peter/ Krautmann, Milada: Wale und Delfine. Arena Verlag, Würzburg 1997

104 **Englert, Sylvia:** Walfang. Aus: Haie, Wale und Delfine. Ravensburger Buchverlag Otto Maier, Ravensburg 2012

107 **Scholes, Katherine:** Sams Wal (Auszug). Übersetzt von Ulli und Herbert Günther. Ravensburger Buchverlag Otto Maier, Ravensburg 1995

118/119 **Pressler, Mirjam:** Nickels gröβter Wunsch (Auszug, gekürzt). Aus: Nickel Vogelpfeifer. Beltz & Gelberg in der Verlagsgruppe Beltz, Weinheim/Basel 2012

134 **Kunnas, Mauri:** Die Zeitungsmacher (Auszug). Übersetzt von Jasna Zagorc. Verlag Friedrich Oetinger, Hamburg 1992

160 **Brockes, Barthold Heinrich:** Die Welt ist allzeit schön. Aus: Conrady, Karl Otto: Der neue Conrady. Das groβe deutsche Gedichtbuch. Von den Anfängen bis zur Gegenwart. Artemis & Winkler, Düsseldorf/Zürich 2000

161 **Busta, Christine:** Wo holt sich die Erde die himmlischen Kleider? Aus: Busta, Christine/Grüger, Johannes: Die Sternenmühle. Gedichte für Kinder und ihre Freunde. Otto Müller Verlag, Salzburg 1959

162 **Krüss, James:** Märzküsse. Aus: Der wohltemperierte Leierkasten. Bertelsmann Verlag, München 1989

163 **Busta, Christine:** Der Sommer. Aus: Die Zauberin Frau Zappelzeh. Otto Mütter Verlag, Salzburg 1979

163 **Hesse, Hermann:** Blauer Schmetterling. Aus: Hermann Hesse: Gesammelte Werke. Bd. 1. Suhrkamp Verlag, Frankfurt a. M. 1970

165 **Manz, Hans:** Winter. In: Ute Andresen (Hrsg.): Im Mondlicht wächst das Gras. Ravensburger Buchverlag Otto Maier, Ravensburg 1991

166 **Hairston, Jester:** Mary's Boy Child. ©1957 by Bourne Inc. EMI Music Publishing (Germany GmbH), Hamburg

167 **Maar, Paul:** Gegenwart. In: Hans-Joachim Gelberg (Hrsg.): Der groβe Ozean. Gedichte für alle. Beltz & Gelberg in der Verlagsgruppe Beltz, Weinheim/Basel 2000

146/147 Ein Wunsch ist frei. Bretonisches Märchen, Volksgut. Aus: Oswald Watzke (Hrsg.): Märchen in Stundenbildern. Auer Verlag, Donauwörth 2001

TINTO

Basisbuch
Sprache • Lesen
4

Christiane Bruns, Eva Jochmann, Irmgard Mai, Sybille Schaub, Julia Schröder

Redaktion: Gabriela Korup, Elisabeth Wagner
Illustrationen: Eva Czerwenka, Tobias Krejtschi, Katrina Lange
Umschlagillustration: Eva Czerwenka
Gesamtgestaltung und technische Umsetzung: Heike Börner
Notensatz: Kontrapunkt Satzstudio, Bautzen

Unter Beratung von:
Nadine Beilfuß (Wermelskirchen), Daniel Berensmann (Dortmund), Martina Kleinschmidt (Arnsberg), Christa Merker (Bielefeld), Julia Misterek (Bassenheim), Britta Nutt-Winter (Bochum), Marion Oeynhausen (Bad Driburg), Karen Schad (Werl), Anke Schmittinger (Reilingen), Nina Tholen (Oldenburg), Anja Vetter (Rülzheim)

www.cornelsen.de

1. Auflage, 1. Druck 2014

Alle Drucke dieser Auflage sind inhaltlich unverändert und können im Unterricht nebeneinander verwendet werden.

Druck: Stürtz GmbH, Würzburg

ISBN 978-3-06-083014-5

TINTO

Basisbuch
Sprache • Lesen
4

Das kann ich schon

Name: ______________________________

Cornelsen

Das habe ich gelernt

Diese Geschichten und Bücher habe ich gelesen

Ich habe

mit einem Partnerkind gearbeitet	☐
in einer Gruppe gearbeitet	☐
Texte gelesen	☐
ein Gedicht aufgesagt	☐
etwas aufgeführt	☐
Texte abgeschrieben	☐
mir Texte ausgedacht	☐
Texte überarbeitet	☐
Texte präsentiert	☐

So habe ich gearbeitet

ein Buch vorgestellt ☐

verwandte Wörter gesucht ☐

ein Rechtschreibgespräch geführt ☐

ein Sachgespräch geführt ☐

im Wörterbuch nachgeschlagen ☐

in einer Lesekonferenz mitgearbeitet ☐

eine Schreibkonferenz abgehalten ☐

einen Cluster erstellt ☐

am Computer gearbeitet ☐

Datum:

Einen Zoobesuch planen

Freudig planen die 24 Kinder der Klasse 4b ihren Ausflug in den Zoo. In sechs Gruppen suchen sie auf der Internetseite des Zoos Informationen zu Eintrittspreisen und Fütterungszeiten. Jede Gruppe druckt sich einen Zoo-Plan aus. Auf dem Plan markieren die einzelnen Gruppen ihren Rundgang und einen Treffpunkt. Zum Schluss will sich die Klasse um 11.30 Uhr am Spielplatz treffen.

 Diese Seite fand ich: ☐ leicht ☐ mittel ☐ schwierig

Datum: ______

1 Lies den Text und die Karte. Kreuze an.

	stimmt	stimmt nicht
Die Klasse 4a plant einen Zoobesuch.	☐	☐
Die Fütterung der Affen ist um 10.15 Uhr.	☐	☐
Die Gruppen treffen sich am Shop.	☐	☐
In jeder Gruppe sind vier Kinder.	☐	☐
Die Lehrerin verteilt Zoo-Pläne.	☐	☐
Die Pinguine werden um 9.00 Uhr gefüttert.	☐	☐
Im Zoo gibt es vier WCs.	☐	☐
Der Eintritt kostet für Gruppen 10,00 €.	☐	☐

2 Können sich die Gruppen die Fütterung der Elefanten ansehen? Begründe.

______

______

3 Schreibe den Rundgang auf.

______

______

______

Diese Seite fand ich: ☐ leicht ☐ mittel ☐ schwierig

Datum: ____________

Der Countdown läuft

____

Nach dem Abschied von ihren Familien fahren die Astronauten mit einem Aufzug zur Raketenspitze. Dort nehmen sie ihre Positionen ein. Aus der Kommandozentrale kommt der Countdown zum Start.

____

Zum Abheben braucht die Rakete den größten Schub. Das funktioniert wie bei einem Luftballon. Wenn aus ihm Luft herauszischt, fliegt er davon. Bei der Rakete werden heiße Gase ausgestoßen. Sie entstehen bei der Zündung und treiben die Rakete vorwärts.

____

Um bis zum Mond zu fliegen, muss die Rakete stärker sein als die Anziehungskraft der Erde. Deshalb gibt es nach dem Start eine zweite und dritte Zündung. Sie geben der Rakete immer wieder neuen Schub.

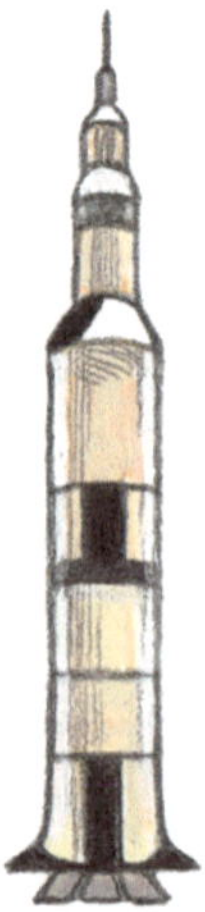

1 Formuliere für jeden Abschnitt eine Zwischenüberschrift.

 Diese Seite fand ich: ☐ leicht ☐ mittel ☐ schwierig

Datum: __________

Kinder für den Klassenrat

Der Klassenrat hat die wichtige Aufgabe, die Interessen aller Kinder zu vertreten. Gibt es Probleme oder Wünsche, sollte der Klassenrat zwischen Klasse und Lehrerin vermitteln. Welche Kinder im Klassenrat sind, wird durch eine Wahl bestimmt. Alle vorgeschlagenen Mädchen und Jungen werden dazu auf einem Stimmzettel notiert. Jedes Kind bekommt eine Kopie davon und kann in einer geheimen Wahl seinen Wunschkandidaten an kreuzen. Die Kinder mit den meisten Stimmen bilden den Klassenrat.

1 Unterstreiche im Text wichtige Stellen.
Notiere sie als Stichwörter daneben.

Diese Seite fand ich: ☐ leicht ☐ mittel ☐ schwierig

Texte überarbeiten

Datum: ____________

Dinosaurier

Millionen Jahre vor uns Menschen lebte eine Gruppe ganz besonderer Tiere auf der Erde – die Dinosaurier. Nie hat ein Mensch es lebend gesehen. Aber Forscher fand Knochen, Zäne oder Fußspuren überall auf der Welt. So gibt es Dinosaurier in unterschiedlichen Gröβen. Der Pflanzen fressende Brachiosaurus war einer der gröβten. Er besass einen langen Hals, einen kleinen Kopf einen mächtigen Schwanz und riesige Forderbeine. Er war eines der gröβten Lantiere, das je entdekt wurde. Vor ungefähr 65 Millionen Jahren verschwanden die Dinosaurier von der Erde. Warum das so war erforschen wissenschaftler noch heute.

1. Im Text sind 10 Fehler.
   Verbessere und schreibe darüber.

Diese Seite fand ich: ☐ leicht ☐ mittel ☐ schwierig

Datum: ____________

Die geheime Tür

Mein Freund Jan und ich machten einen Waldspaziergang. Wir kamen an eine Tür. Wir wollten wieder gehen. Wir waren zu neugierig. Ich klopfte. Die Tür öffnete sich. Wir sahen zehn Gänge. Wir nahmen den neunten Gang. Da war eine Schatztruhe. Er machte sie auf. Da war Gold. ...

1 Überarbeite den Text.
Er soll interessanter und spannender klingen.
Überlege auch einen Schlusssatz.

____

____

____

____

____

____

____

____

____

____

____

Diese Seite fand ich: ☐ leicht ☐ mittel ☐ schwierig

Nomen und Adjektive mit Wortbausteinen

-heit
-keit

ergeben • üben • sammeln • frei • erleben • warnen
finster • fröhlich • böse • bewegen • sparsam • krank

-nis
-ung

1 Bilde sinnvolle Nomen. Schreibe sie mit ihrem Artikel auf.

Gift • Sturm • Tag • Witz • Neid • Schrift • Hunger • Himmel

2 Bilde aus den Nomen Adjektive mit -ig,-lich, - isch.

danken • Hilfe • Schmerz • spüren • sparen • erholen

3 Bilde Adjektive mit -bar, -los, -sam.

Diese Seite fand ich: ☐ leicht ☐ mittel ☐ schwierig

Datum: ____________

Wie heißt der Hund?

Der Hund Ⓚ sitzt in der Hundehütte.
Maria will dem Hund Ⓡ Futter geben.
Sie streichelt den Hund Ⓐ.
Das Fell des Hundes Ⓘ ist braun.

1 Setze das Nomen Hund in der passenden Form und mit dem richtigen Artikel ein.

Wer oder was? ______________________ ☐

Wessen? ______________________ ☐

Wem? ______________________ ☐

Wen oder was? ______________________ ☐

Der Hund heißt: ______________________

	die Katze	das Kaninchen
Nominativ: Wer oder was?	die	das
Genitiv: Wessen?	der	des
Dativ: Wem?	der	dem
Akkusativ: Wen oder was?	die	das

2 Fülle die Tabelle aus.

Datum: ____________

Zirkus

Am Samstag gingen Tim und sein Vater in den Zirkus. Sie staunten über aufregende Kunststücke und lachten über den komischen Clown. Am Sonntagabend dann bringt der Vater seinen Sohn wieder nach Hause. Tim erzählt seiner Mutter: „Mama, wir sind in den Zirkus gegangen. Ein Jongleur hat mit sieben Ringen gleichzeitig gespielt. Der Clown ist über seine eigenen Füße gestolpert. Am besten haben mir die Künstler am Trapez gefallen. Hoffentlich wird bald wieder ein Zirkus in die Stadt kommen. Dann werde ich bestimmt wieder eine Vorstellung besuchen."

1 Markiere Verben im Präsens rot, Verben im Futur gelb, Verben im Präteritum blau, Verben im Perfekt grün.

Präsens	Futur
wir lachen	
	er wird klettern
ich staune	

Präteritum	Perfekt
	wir haben gejubelt
sie turnte	
	er hat gerufen

2 Vervollständige die Tabelle.

 Diese Seite fand ich: ☐ leicht ☐ mittel ☐ schwierig

Datum: ____________

In der Bücherei

Lena und Fatma gehen in die Bücherei.
Sie wollen neue Bücher ausleihen.
In den Regalen stehen viele schöne Bücher.
Die Wahl fällt Fatma schwer.
Lena zeigt ihr lustige Tiergeschichten.
Schließlich bitten sie die Bibliothekarin um Hilfe.
Die stellt neue Kinderbücher vor.

1. Unterstreiche in jedem Satz des ersten Abschnitts das Subjekt rot und das Prädikat blau.

2. Frage in den beiden grünen Sätzen nach dem Dativobjekt.

3. Frage in den beiden lila Sätzen nach dem Akkusativobjekt.

Diese Seite fand ich: ☐ leicht ☐ mittel ☐ schwierig

Mit der Klasse unterwegs

Die Kinder der 4b unternehmen einen Ausflu___ (g/k) in den Wal___ (d/t) am Stadtran___ (d/t). Auf einer Lichtung zwischen hohen Buchen holt Tim sein Bro___(d/t) aus dem Rucksack und frühstückt. Anschließend sucht er mit seinem Freun___ (d/t) Jonas en___los (d/t) viele Stöcker und Bl___tter (ä/e), um kleine Zwergenh____ser (äu/eu) zu bauen. Fatma hilft ihnen und sucht eine geeignete Stelle als Untergrun___ (d/t). Sie meint: „Der Boden hier ist zu sandi___ (g/k). Die Stöcker rutschen we___ (g/k)! Wir müssen die W___nde (ä/e) verst___rken (ä/e), damit das kleine Zwergengeb___de (äu/eu) h___lt (ä/e)!“

Lena gi___t (b/p) ihr kurze, dicke Zweige zur Vers___rkung (ä/e). Sie glau___t (b/p): „Das müsste jetzt halten.“ Jonas findet: „Unser Zwergenhaus ist wirklich toll geworden!“

1. Suche verwandte Wörter und setze die fehlenden Buchstaben ein.

 Diese Seite fand ich: ☐ leicht ☐ mittel ☐ schwierig

Ein Mini-Fußballfeld für den Schulhof?

Für die Pausen wünschen sich die Kinder der Grundschule ein Fußballfeld. Aber passen auch die Maße eines Fußballfeldes auf die freie Fläche in der Ecke des Schulhofes?
Der Schüllerrat und die Rektorin messen mit langen Maßbändern die Länge und Breite der freien Fläche nach.
Lena misst die Breite: 12,55 m.
Jonas und Tim messen die Länge: 18,55 m.
Die Kinder beraten, welches Maß das Mini-Fußballfeld haben soll.
Außerdem brauchen sie Tore, die in der Größe angemessen sind.

1 Finde alle Wörter, die zur Wortfamilie mess gehören.
Unterstreiche den Wortstamm.

beißen • Schuss • gebissen • verschossen
Biss • geschossen • Fehlschuss • wegschießen
verbissen • Gebiss • abbeißen • biss … an
schießt • schossen • beißt • Torschüsse

2 Unterstreiche den Wortstamm der Wörtfamilie schieß grün und den Wortstamm beiß blau.

Datum: ______________

Im Sportunterricht

Die Kinder der 4a sind mit ihrer Sportlehrerin in der Sporthalle und bauen in Gruppen eine Kletterlandschaft auf.

Lena sagt ▯▯ Wir könnten eine Station zum Balancieren aufbauen ▯▯
▯ Prima Idee ▯▯▯ ruft Jonas.
▯ Welche Geräte brauchen wir dafür ▯▯▯ fragt Tim.
▯ Das Balancieren sollte nicht zu leicht sein ▯▯ meint Fatma ▯▯ deshalb brauchen wir zwei große Kästen und eine Bank ▯▯
▯ Die Station müssen wir noch mit Matten absichern ▯▯ meint Lena.
Die Kinder holen die Geräte, bauen auf und balancieren hinüber.
▯ Das Balancieren ist noch zu leicht ▯▯ findet Tim ▯▯ wir sollten die Bank höher bauen ▯ Lasst uns noch einige Kastenteile in die Kästen einbauen ▯▯
Jonas fordert die Anderen auf ▯▯ Kommt, wir holen noch zwei Kastenteile und bauen sie ein ▯▯
Nachdem alle Gruppen ihre Stationen aufgebaut, ausprobiert und abgesichert haben, können alle aus der 4a die tolle Kletterlandschaft erkunden.

1. Setze die fehlenden Satzzeichen.

 Diese Seite fand ich: ☐ leicht ☐ mittel ☐ schwierig

Datum: ____________

Fremdwörter

Englische und französische Wörter

1. Güter aus fernen Ländern werden oft in einem ______________ transportiert.
2. Am ersten Frühlingstag trägt Fatma ihr neues ________________.
3. In vielen Ländern Europas wird mit Euro und ____________ bezahlt.
4. Ein längliches Weißbrot aus Frankreich heißt _________________________.
5. Nach dem Fahrradsturz hat Lenas ___________ an beiden Knien ein Loch.
6. Aus einer ____________ presst Tim frischen Saft für das Frühstück.
7. Jonas nimmt seine neuen Fußballschuhe gleich mit zum ______________________.

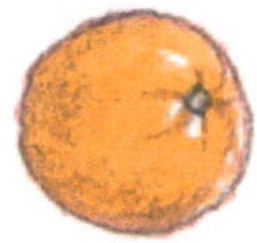
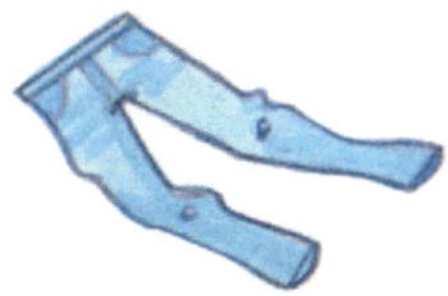

(1) Setze die passenden Fremdwörter ein.

Das kann ich schon

	✓	Seite
Fragen beantworten	◯	10
Zwischenüberschriften formulieren	◯	12
Stichwörter notieren	◯	13
Texte überarbeiten	◯	14
Texte spannender schreiben	◯	15
Nomen und Adjektive mit Wortbausteinen	◯	16
Die Fälle des Nomens	◯	17
Zeitformen	◯	18
Satzglieder	◯	19
Nachdenkwörter richtig schreiben	◯	20
Wortfamilien	◯	21
Satzzeichen	◯	22
Fremdwörter	◯	23

In diesem Heft können die Kinder zeigen, was sie gelernt haben. Die Seiten „Das habe ich gelernt" werden in der Reihenfolge der Kapitel bearbeitet. Die nach Lernbereichen geordneten Seiten sind dagegen nicht zur aufeinanderfolgenden Bearbeitung gedacht. Hier erhalten die Schülerinnen und Schüler eine Aufgabe immer dann, wenn sie diese lösen können. Sie bekommen die Seiten also zu unterschiedlichen Zeitpunkten. Die Kinder notieren das Datum, bearbeiten die Seite und kreuzen an, wie leicht es ihnen gefallen ist, die Aufgaben zu lösen. Auf der Heftrückseite dokumentieren sie ihre Lernerfolge.

Dieses Heft ist Bestandteil des TINTO-Basisbuchs Sprache•Lesen 4.
Es ist außerdem im 10er-Pack bestellbar (ISBN 978-3-06-083434-1).